de
ELLE

**Recettes
du monde entier**

Les fiches-cuisine de ELLE

Recettes du monde entier

FEP

© F.E.P., 1981, 1991.

Ces fiches-cuisine de ELLE
ont été réalisées par
Monique Maine et
Janine Pejan.
Les photographies sont de
André Bouillaud, Philippe Leroy
et Yves Jannes.

1
Les entrées

Artichauts au crabe
ÉTATS-UNIS

Pour 6 personnes :
6 fonds d'artichauts frais
1 laitue
450 g de crabe cuit décortiqué
1/4 de litre d'huile
1 jaune d'œuf
1 cuillerée à soupe de moutarde
ciboulette, persil, estragon
sel, poivre
12 crevettes bouquets cuites
1 cuillerée à soupe de farine
2 citrons, tabasco
Préparation : 30 mn
Cuisson : 15 à 20 mn

Otez les feuilles et le foin des artichauts à cru, citronnez les fonds. □ Dans un fait-tout, faites chauffer une grande quantité d'eau salée avec le jus des citrons. Lorsque l'eau bout, ajoutez la farine délayée dans 3 cuillerées à soupe d'eau, plongez-y les fonds d'artichauts et laissez-les cuire 15 à 20 mn. Égouttez-les, passez-les sous l'eau froide. □ Épluchez et lavez la laitue, garnissez-en des assiettes individuelles ou un plat de service, selon la présentation envisagée, et posez dessus les fonds d'artichauts froids. □ Faites une mayonnaise avec la moutarde, le jaune d'œuf, l'huile, sel et poivre, ajoutez-lui les fines herbes hachées, quelques gouttes de tabasco et le crabe, mélangez. Remplissez les cœurs d'artichauts de cette préparation, décorez avec les bouquets. Mettez 30 mn au réfrigérateur. □ Servez bien frais.

Notre conseil : *pour vous éviter de décortiquer le crabe, tâche délicate et fastidieuse, achetez du crabe de l'Alaska surgelé, à faire décongeler la veille.*

Artichauts aux crevettes

ÉTATS-UNIS

Pour 6 personnes :
- 6 artichauts bretons
- sel, 3 citrons
- 1 verre de vinaigre

Pour la sauce :
- 1/2 litre d'huile d'arachide
- 2 jaunes d'œufs
- 1 cuill. à soupe de vinaigre de vin
- 1 cuill. à soupe de moutarde forte
- 1 cuill. à soupe d'estragon haché
- 1 cuill. à soupe de civette hachée
- 1 cuill. à soupe de persil haché
- 1 cuill. à soupe de cerfeuil haché
- 250 g de crevettes congelées décortiquées
- 1 citron

Préparation : 25 mn
Cuisson : 30 mn

Plongez les crevettes 2 minutes dans 1 litre et demi d'eau bouillante très salée. Égouttez-les. □ Cassez la queue des artichauts, ôtez les premières feuilles et, avec un bon couteau, coupez l'extrémité des feuilles sur 1 centimètre et demi. □ Lavez les artichauts sous l'eau courante et faites-les tremper 15 minutes dans de l'eau vinaigrée. □ Faites bouillir 4 litres d'eau avec le jus de 3 citrons et une poignée de sel. Plongez les artichauts dedans et laissez-les cuire 25 à 30 minutes. Égouttez-les et laissez-les tiédir. □ Otez alors le bouquet central et, avec une cuillère parisienne, ôtez le foin. Laissez en attente. □ Préparez une mayonnaise avec 2 jaunes d'œufs, la moutarde, le vinaigre et l'huile. □ Ajoutez à cette sauce le jus du citron et toutes les herbes hachées. □ Prélevez la moitié de la sauce, ajoutez-lui les crevettes, mélangez. □ Garnissez l'intérieur des artichauts de cette préparation et présentez le reste de sauce en saucière.

Notre conseil : *l'artichaut présenté de cette façon devient une entrée de qualité que vous pouvez offrir lors d'un dîner raffiné.*

Artichauts aux olives
ALGÉRIE

Pour 6 personnes :
18 à 24 artichauts violets
200 g d'olives noires
3 cuill. à soupe d'huile d'olive
10 grains de coriandre
2 gousses d'ail

1 pincée de cannelle
3 citrons
thym
sel, poivre
Préparation : 25 mn
Cuisson : 20 mn

Lavez et épluchez les artichauts en ne conservant que les cœurs, ôtez le foin, citronnez-les au fur et à mesure pour qu'ils ne noircissent pas. ◻ Faites chauffer l'huile dans une sauteuse et faites revenir les fonds d'artichauts, les olives, le thym, l'ail et les épices ; salez, poivrez, ajoutez 1 verre d'eau. ◻ Couvrez et faites cuire à feu doux 10 mn. ◻ A ce moment ajoutez 2 citrons coupés en rondelles. Faites cuire encore 10 mn. ◻ Mettez au frais. ◻ Servez très frais.

Notre conseil : *c'est une excellente entrée pour l'été, qui peut être préparée la veille pour le lendemain.*

Aubergines glacées
BULGARIE

Pour 6 personnes :
1,500 kg d'aubergines
4 poivrons verts, 2 tomates
8 cuillerées à soupe d'huile d'olive
6 cuillerées à soupe de vinaigre de vin
6 cuillerées à soupe de persil haché
5 gousses d'ail
15 g de sel, poivre du moulin
Préparation : 55 mn
2 h à l'avance
Cuisson : 20 mn

Faites griller les aubergines et les poivrons en les plaçant 20 minutes à 10 centimètres sous la rampe du four, retournez-les de temps en temps pour qu'ils grillent uniformément, ils ne doivent pas être charbonneux. □ En les sortant du four, enveloppez chaque légume dans un morceau de papier absorbant mouillé pendant 5 minutes, pour faciliter l'épluchage. □ Coupez les aubergines en deux, hachez-les finement dans une terrine et réduisez la pulpe en une purée lisse en la broyant au pilon ou au mixer. □ Procédez de la même façon pour les poivrons après les avoir épluchés et épépinés. □ Mélangez ces deux purées. Ajoutez l'huile et le vinaigre petit à petit en battant énergiquement jusqu'à ce que le mélange soit parfait. □ Ajoutez les tomates épluchées, épépinées et hachées, le persil et l'ail hachés, le sel, le poivre. □ Goûtez, vérifiez l'assaisonnement et mettez une nuit au réfrigérateur, servez glacé.

Notre conseil : *ces aubergines glacées se servent en entrée avec des tranches de pain de campagne grillées.*

Aubergines à l'huile

LIBAN

Pour 6 personnes :
1,500 kg d'aubergines
400 g de petits oignons nouveaux
1 kg de tomates
0,5 litre d'huile
1 dl de vinaigre
3 gousses d'ail
sel,
poivre du moulin
Préparation : 15 mn
Cuisson : 50 mn

Épluchez les aubergines, coupez-les en deux dans la longueur, faites-les frire en plusieurs fois dans de l'huile, égouttez-les. □ Épluchez les oignons, faites-les fondre dans 2 cuillerées à soupe d'huile. Pelez, épépinez les tomates et coupez-les en morceaux. □ Dans une cocotte, disposez par couches la moitié des oignons, la moitié des tomates puis toutes les aubergines. Salez, poivrez, ajoutez l'ail haché. Recouvrez du reste des oignons et des tomates, arrosez de vinaigre. Faites cuire à feu doux et à couvert pendant 15 mn. □ Otez le couvercle et continuez la cuisson encore 15 à 20 mn. Laissez refroidir et mettez au réfrigérateur. Servez froid en entrée.
Notre conseil : *après avoir égoutté les aubergines, posez-les sur du papier absorbant, elles seront mieux dégraissées.*

Briks aux œufs

TUNISIE

Pour 6 personnes :	1/2 litre d'huile d'arachide
12 briks	pour friture
12 œufs	Préparation : 10 mn
sel, poivre	Cuisson : 3 à 4 mn par brik

Les briks sont vendus dans les maisons spécialisées dans les produits orientaux. Ce sont de grandes crêpes extrêmement fines. Il faut les détacher les unes des autres avec précaution. Posez un brik sur une grande assiette, cassez un œuf sur une moitié de la crêpe, salez, poivrez, rabattez l'autre moitié dessus et pliez en paquet.
□ Prenez l'assiette dans la main et faites glisser le brik dans la friture chaude. Laissez jusqu'à ce qu'il soit doré.
□ Égouttez-le et posez-le sur un papier absorbant.
Notre conseil : *les briks se font cuire un à un et ne doivent pas attendre. L'œuf à l'intérieur doit être cuit mollet.*

Concombres à la menthe
TURQUIE

Pour 6 personnes :
1 cuillerée à café
de fenouil frais haché
3 cuillerées à soupe
d'huile d'olive
1 cuillerée à café
de menthe fraîche hachée

3 concombres
1 cuillerée à café de sel
2 cuillerées à soupe de vinaigre
3 pots de yaourts
2 gousses d'ail
Préparation : 15 mn
Pas de cuisson.

Épluchez les concombres et coupez-les en quatre dans la longueur, ôtez les graines, coupez-les en dés. ▫ Saupoudrez-les de sel fin, laissez-les dégorger. ▫ Dans un bol, mélangez le vinaigre et l'ail pilé, laissez macérer 10 mn. ▫ Dans un autre bol, mélangez le yaourt avec l'huile et le fenouil, ajoutez le vinaigre passé au chinois. ▫ Rincez les concombres sous l'eau froide, égouttez-les, essuyez-les et mettez-les dans un saladier, versez la sauce, saupoudrez de menthe hachée.

Notre conseil : *servez très frais en mélangeant concombres et sauce juste au moment de servir.*

Croquettes à la cannelle
ALGÉRIE

Pour 6 personnes :
300 g de mie de pain
50 g d'emmenthal râpé
1/2 dl de lait
1 œuf entier
1 cuillerée à café
d'eau de fleur d'oranger
1/2 cuillerée à café
de cannelle en poudre
sel,
poivre
huile pour friture
Préparation : 15 mn
Cuisson : 30 mn

Coupez la mie de pain en petits morceaux, mettez-les dans la terrine. Versez dessus le lait chaud. □ Laissez absorber tout le lait par le pain, puis ajoutez l'œuf entier, le jaune, et mélangez à la spatule ou au mixer. Incorporez l'emmenthal râpé, la cannelle, l'eau de fleur d'oranger, sel, poivre. □ Prélevez des morceaux du mélange, roulez-les dans vos mains pour former des boulettes légèrement aplaties de 2 cm de diamètre environ. Plongez-les, 6 ou 7 à la fois, dans la friture chaude, aussitôt dorées, égouttez-les, posez-les sur un plat recouvert de papier absorbant et tenez-les au chaud.

Notre conseil : *vous servirez ces croquettes à l'apéritif ou même en entrée.*

Épinards crus en salade
ÉTATS-UNIS

Pour 6 personnes :
500 g d'épinards
250 g de champignons de Paris
300 g de lard de poitrine fumé
huile d'olive

vinaigre de vin
sel, poivre du moulin
2 citrons
Préparation : 15 mn
Cuisson : 10 mn

Otez la tige des épinards, lavez-les dans plusieurs eaux, égouttez-les comme vous le feriez pour n'importe quelle salade verte. □ Otez le bout terreux des champignons, lavez-les sous l'eau courante et, au fur et à mesure, faites-les tremper dans le jus des citrons. □ Mettez le lard dans une casserole, recouvrez-le d'eau froide, amenez à ébullition, maintenez-la 3 minutes. □ Égouttez le lard, laissez-le refroidir et coupez-le en très petits dés. □ Dressez les épinards et les champignons émincés dans un saladier où vous aurez préparé une sauce vinaigrette à l'huile d'olive. □ Dans une poêle, avec 1 petite cuillerée d'huile, faites rissoler les lardons et versez-les chauds, avec leur graisse, sur la salade d'épinards. Mélangez, servez aussitôt.

Notre conseil : *les épinards crus sont exquis en salade, à condition qu'ils soient jeunes et tendres.*

Flammenkuche

ALLEMAGNE

Pour 6 à 8 personnes :
250 g de farine
120 g de saindoux
20 g de levure de boulanger
200 g de lard de poitrine fumé
3 gros oignons
200 g de crème fraîche épaisse
sel, poivre
Préparation : 30 mn
Cuisson : 30 mn

Délayez la levure avec un verre d'eau tiède. □ Versez la farine sur la table, préparez une fontaine, ajoutez une pincée de sel et 100 g de saindoux. Travaillez du bout des doigts pour incorporer la matière grasse. □ Ajoutez la levure et de l'eau tiède jusqu'à obtention d'une pâte souple. □ Formez une boule, farinez-la, recouvrez-la d'un linge et faites lever la pâte pendant 2 heures dans un endroit tiède. □ Travaillez la pâte à nouveau en la pétrissant avec la paume de la main, étalez-la sur 1 demi-centimètre d'épaisseur directement sur la tôle farinée en lui donnant la forme d'un cercle de 22 centimètres de diamètre. □ Roulez les bords de façon à former un bourrelet tout autour. □ Dans le reste du saindoux faites blondir à feu doux les oignons finement hachés, salez légèrement, poivrez. Lorsqu'ils sont transparents, retirez-les du feu. □ Coupez le lard en minces lardons, disposez-les sur la pâte en les enfonçant légèrement du bout des doigts. □ Éparpillez les oignons sur les lardons et faites cuire 30 minutes à four chaud 230° (7 au thermostat). □ Au bout de 10 minutes de cuisson, nappez de crème brisée à la fourchette et continuez la cuisson.

Notre conseil : *ce plat se sert chaud en entrée, mais il peut aussi, avec une salade, composer tout un repas bon marché.*

Hoummos

LIBAN

Pour 6 personnes :
500 g de pois chiches
1 cuillerée à café
de bicarbonate de soude
2 dl d'huile de sésame
2 gousses d'ail
1 pincée de gros sel

2 citrons
24 olives noires
1 cuillerée à soupe rase
de paprika
**Préparation : 25 mn
+ une nuit de trempage
Cuisson : 3 h 30**

Faites tremper les pois chiches toute une nuit dans une grande quantité d'eau froide à laquelle vous ajoutez la moitié du bicarbonate de soude. □ Le lendemain, égouttez les pois chiches, rincez-les sous l'eau froide et mettez-les à cuire dans une grande marmite contenant suffisamment d'eau pour les recouvrir. □ Salez, ajoutez le reste du bicarbonate, portez à ébullition, puis baissez le feu et laissez cuire 3 h 30 à feu doux. □ Pendant ce temps, épluchez l'ail, pilez-le au mortier avec le gros sel et incorporez peu à peu 1 cuillerée à soupe d'huile. □ Égouttez les pois chiches, laissez-les refroidir. Passez-les ensuite au moulin à légumes grille fine au-dessus d'un saladier, incorporez-leur l'ail pilé puis le reste de l'huile sans cesser de tourner la purée avec une cuiller en bois. Ajoutez le jus d'un citron, assaisonnez. □ Dressez le hoummos sur le plat de service, saupoudrez de paprika, décorez avec le second citron coupé en tranches et les olives noires. □ Servez bien frais.

Notre conseil : *l'huile de sésame s'achète dans les épiceries spécialisées dans les produits orientaux. Mais elle peut être avantageusement remplacée par de l'huile d'olive.*

Ojja
TUNISIE

Pour 6 personnes :	1 cuillerée à café de harissa
6 tomates moyennes	6 œufs
4 poivrons verts	2 dl d'huile d'olive
6 merguez	sel, poivre du moulin
3 gousses d'ail	**Préparation :** 15 mn
1-2 pincées de carvi en poudre	**Cuisson :** 30 mn

Épluchez les tomates, égrenez-les. ▫ Dans une sauteuse faites chauffer un peu d'huile, mettez les tomates à fondre. Ajoutez le carvi et le harissa. Laissez cuire jusqu'à évaporation du jus. ▫ Faites revenir, à part, les merguez sans matière grasse. ▫ Coupez les poivrons en lanières, faites-les fondre doucement à l'huile dans une autre poêle. Remuez souvent. ▫ Lorsqu'ils sont cuits, ajoutez-les aux tomates ainsi que l'ail finement haché et les merguez. Laissez mijoter 5 mn. ▫ Dans une terrine, cassez les œufs, battez-les, salez et poivrez. Versez-les sur le mélange merguez, tomates, poivrons. Réduisez le feu et laissez cuire doucement jusqu'à ce que les œufs soient crémeux, mais en remuant sans arrêt pour qu'ils n'attachent pas.

Notre conseil : *pour gagner du temps, vous pouvez faire cuire à l'avance les tomates et les poivrons.*

Salade mechouia
TUNISIE

Pour 6 personnes :
6 tomates fermes
4 poivrons verts
3 citrons
2 oignons
1 dl d'huile d'olive
3 gousses d'ail
harissa,
coriandre, cumin
100 g d'olives noires
sel, poivre
Préparation : 25 mn
Cuisson : 10 mn pour les légumes

Allumez le grilloir du four. Disposez dessous tour à tour les poivrons, les tomates, les oignons et l'ail. Retournez les légumes pour qu'ils dorent de tous les côtés. Au fur et à mesure qu'ils sont grillés, sortez-les du four. ▫ Enveloppez les poivrons dans un papier humide. Pelez les tomates, coupez-les en deux dans la largeur, égrenez-les et hachez finement la chair. Épluchez l'ail et les oignons, hachez-les. Sortez les poivrons de leur papier, retirez la peau qui les recouvre, ôtez les pépins et hachez-les finement. ▫ Dans un saladier, mélangez le jus des citrons (la valeur de 4 cuillerées à soupe), le sel, le poivre, une pointe de couteau de harissa, 1/2 cuillerée à café de cumin, 1/2 cuillerée à café de coriandre. Remuez, ajoutez les légumes. Aspergez la salade d'huile d'olive et décorez de quelques olives.

Notre conseil : *cette salade se sert très fraîche en entrée.*

Salade des Rois

BELGIQUE

Pour 6 personnes :
500 g de haricots blancs secs
4 endives
4 pommes fruits
4 pommes de terre moyennes
100 g de mâche
huile, vinaigre de xérès
sel, poivre, bouquet garni
Préparation : 20 mn
Cuisson : 2 h

Versez les haricots dans un grand fait-tout, recouvrez-les largement d'eau froide, couvrez, amenez-les doucement à ébullition, en 45 minutes au moins. □ Dès que l'ébullition est atteinte, égouttez-les, puis remettez-les dans le fait-tout avec une grande quantité d'eau bouillante salée, ajoutez un bouquet garni. □ Laissez cuire doucement à couvert de 1 heure 15 à 1 heure 30, selon la qualité des haricots. Égouttez-les. □ Choisissez des pommes de terre à chair ferme ne s'écrasant pas à la cuisson. Lavez-les et mettez-les à cuire avec leur peau dans une grande quantité d'eau froide salée. Égouttez-les. □ Coupez les pommes fruits en dés, sans les peler. □ Épluchez les pommes de terre, coupez-les en rondelles. □ Épluchez et lavez la mâche. □ Épluchez et essuyez les endives, coupez-les en rondelles, gardez quelques feuilles entières. □ Dans un bol, préparez une vinaigrette bien relevée. □ Mélangez dans un récipient : haricots froids, pommes de terre, pommes fruits, mâche et endives, assaisonnez-les d'un peu de vinaigrette. □ Tapissez le pourtour d'un saladier des feuilles d'endive réservées, remplissez le milieu avec le mélange, garnissez de bouquets de mâche, servez le reste de la vinaigrette en saucière.

Notre conseil : *pour cette salade traditionnellement servie en Belgique pour l'Épiphanie, vous pouvez cuire pommes de terre et haricots la veille, vous gagnerez du temps. Vous pouvez même utiliser des haricots en conserve.*

Tarato
GRÈCE

Pour 6 personnes :
4 aubergines
2 poivrons rouges
3 poivrons verts
2 yaourts nature
sel, poivre
5 gousses d'ail pilées
1 pincée de piment de Cayenne
2 citrons
3 cuill. à soupe d'huile d'olive
1 dl d'eau
olives noires
Préparation : 20 mn
Cuisson : 30 mn

Essuyez les aubergines, coupez-les en deux dans le sens de la longueur, mettez-les à four chaud 230º (7 au thermostat). Laissez-les cuire jusqu'à ce que la pulpe fléchisse sous les doigts. □ Sortez-les du four, videz la pulpe à la petite cuillère, mettez-la en attente dans un bol à mixer. □ Essuyez les poivrons, faites-les griller sous le grill du four, porte entrouverte. □ Au sortir du four, pelez-les, épépinez-les et passez-les à la moulinette. Versez-les dans le bol à mixer ainsi que les yaourts, le sel, le poivre, l'ail, le piment de Cayenne, le jus des citrons, l'huile et l'eau. Remplissez des coupelles individuelles, mettez au réfrigérateur. □ Au moment de servir, décorez d'olives noires.
Notre conseil : *les poivrons s'épluchent plus facilement si vous les emballez au sortir du four dans du papier absorbant humide pendant 5 mn.* □ *Avec cette entrée, servez un rosé de Provence bien frais ou de l'eau glacée.*

Tarte à l'oignon au fromage

SUISSE

Pour 6 à 8 personnes
1 tôle de 26 cm de diamètre
Pour la pâte : 250 g de farine
130 g de beurre, 1 jaune d'œuf
1 pincée de sel, 1 dl d'eau
Pour la garniture :
1 bel oignon
2 cuillerées à soupe d'huile
2 ou 3 pincées de paprika
500 g d'emmenthal râpé
2 œufs, 1 dl de lait
125 g de crème fraîche
sel, muscade
Préparation : 15 mn
2 h à l'avance
Cuisson : 10 mn pour la pâte
30 mn pour la garniture

Tamisez la farine sur la planche à pâtisserie, creusez une fontaine, mettez le sel, 125 g de beurre ramolli divisé en parcelles, le jaune d'œuf. Pétrissez avec les doigts, mouillez seulement si c'est nécessaire pour obtenir une pâte souple sans être molle. Faites une boule, laissez reposer 2 h au frais. □ Reprenez la pâte, étendez-la au rouleau sur 4 mm d'épaisseur, foncez la tôle beurrée. Garnissez la pâte d'une feuille de papier sulfurisé rempli de haricots secs ou de petits cailloux. Faites-la cuire au four chauffé d'avance à 180º (5 au thermostat) pendant 15 mn. □ Retirez du four, ôtez le papier et les haricots, laissez refroidir. Dans un poêlon ou une casserole à fond épais, faites fondre l'oignon, finement haché, dans l'huile et à feu doux jusqu'à ce qu'il devienne transparent, ajoutez le paprika, remuez, gardez en attente hors du feu. □ Saupoudrez le fond de la tarte avec la moitié du fromage, parsemez d'oignon revenu, couvrez avec le reste du fromage. □ Battez ensemble les œufs, la crème fraîche, le lait, 2 ou 3 pincées de sel et autant de muscade râpée. Versez dans la tarte. Enfournez à 200º (6 au thermostat), laissez cuire 25 mn environ. Servez chaud ou tiède.

Notre conseil : *cette délicieuse tarte se sert soit en entrée, soit en plat de résistance, accompagnée d'une salade. Pour gagner du temps, il est évident que vous préparerez votre garniture pendant le repos de la pâte.*

2
Les poissons

Acras de morue

ANTILLES

Pour 6 personnes :
1/2 morue
250 g de farine, 2 œufs
1/4 de litre de lait
50 g de levure de boulanger
2 oignons, 1 échalote
2 gousses d'ail
2 petits piments oiseau
persil, sel, poivre
huile pour friture
Préparation : 24 h à l'avance
Cuisson : 35 mn

La veille ôtez la peau de la morue et les arêtes, coupez-la en morceaux et mettez-la à dessaler toute une nuit dans une grande quantité d'eau que vous renouvellerez une ou deux fois. □ Le lendemain, préparez la pâte : délayez la levure avec le lait tiède. □ Dans une terrine, versez la farine tamisée et le sel. Faites une fontaine et mettez-y les œufs. Mélangez en ajoutant le lait. Vous devez obtenir une pâte moitié moins fluide qu'une pâte à crêpes. Laissez-la reposer 1 heure recouverte d'un linge. □ Épluchez un oignon, l'ail, l'échalote. Mettez-les dans 1/2 litre d'eau avec le sel et le poivre, faites bouillir. □ Plongez la morue dans cette eau pour la faire pocher, gardez l'eau frémissante 5 mn. Égouttez et passez la morue à la moulinette grille fine. Hachez finement le second oignon et le persil, coupez les piments en tout petits morceaux. □ Reprenez la pâte, donnez-lui 3 ou 4 coups de spatule pour en chasser l'air et ajoutez-lui la morue, l'oignon, le persil, les piments. Mélangez bien. □ Préparez un bain de friture très chaud, faites-y tomber des cuillerées de la préparation, laissez gonfler. Égouttez sur du papier absorbant, servez chaud.

Notre conseil : *ces acras se servent soit en entrée, soit en plat principal accompagnés d'une salade verte.*

Calderade

PORTUGAL

Pour 6 personnes	1 petit piment rouge
1,500 kg de morue salée	sel, poivre du moulin
1 kg d'encornets	1 pincée de safran
3 tranches de congre	Pour la rouille :
1,500 kg de pommes de terre	1 noix de mie de pain
1 kg de tomates, 1 kg d'oignons	trempée dans de l'eau tiède
3 gousses d'ail, 1 orange	1 petit piment rouge
5 branches de fenouil sec	3 gousses d'ail
ou 1 cuill. à café	1 dl d'huile d'olive
de fenouil en grains	1 jaune d'œuf,
5 ou 6 branches de thym	sel, poivre
1 bouquet garni	**Préparation** : 30 mn
1 dl d'huile d'olive	Trempage : 24 h
2 dl de vin blanc sec	**Cuisson** : 20 mn

La veille, ôtez la peau de la morue et coupez-la en morceaux, faites-la dessaler 24 heures en changeant l'eau plusieurs fois. ▫ Dans une casserole, mettez les encornets vidés, lavés et coupés en lanières. ▫ Recouvrez d'eau froide, ajoutez 1 oignon et le bouquet garni, faites frissonner 8 à 10 minutes. Égouttez et réservez le bouillon. ▫ Dans une grande marmite à fond épais, disposez par couches successives les oignons émincés, les tomates et les pommes de terre coupées en rondelles, la morue, les encornets, le congre et le zeste de l'orange. Remplissez ainsi toute la marmite. ▫ Salez légèrement, poivrez, ajoutez encore le thym, le fenouil, le safran, l'huile, le vin et 2 décilitres du court-bouillon des encornets. ▫ Faites cuire à feu vif 15 minutes à couvert, ôtez le couvercle et continuez la cuisson encore 5 minutes. ▫ Pendant ce temps vous aurez rapidement préparé la rouille : pilez les gousses d'ail, le piment et la mie de pain essorée. ▫ Ajoutez le jaune d'œuf, sel, poivre, versez peu à peu l'huile et montez comme une mayonnaise. ▫ Servez la calderade à la louche dans des assiettes creuses. Présentez la rouille à part.

Notre conseil : *la rouille est une sauce forte qui se sert à petites doses. Offrez un bon rosé bien frais.*

Colin aux piments

SÉNÉGAL

Pour 6 personnes :
6 darnes de colin
3 oignons
2 piments forts
4 tomates, 2 poivrons

100 g de farine
1,5 dl d'huile d'arachide
sel, poivre
Préparation : 10 mn
Cuisson : 40 mn

Lavez et épongez les tranches de colin. Passez-les légèrement dans la farine et faites-les dorer dans une poêle avec 1 dl d'huile. Égouttez-les et réservez-les. ▫ Dans un poêlon, avec le reste d'huile, faites fondre doucement les oignons et les poivrons émincés. ▫ Lorsqu'ils sont presque cuits, ajoutez les tomates épluchées, égrenées et coupées en petits dés et les piments forts entiers. Laissez cuire 10 mn, salez, poivrez très légèrement, mouillez avec 1 verre d'eau. Faites cuire doucement à couvert pendant 10 mn puis ajoutez les tranches de colin. Laissez mijoter encore 5 à 8 mn pour que le poisson s'imprègne de sauce.
Notre conseil : *ce poisson délicieux et très relevé s'accompagne d'un riz créole.*

Dorade aux cacahuètes

CAMEROUN

Pour 6 personnes :
1 grosse dorade ou 2 moyennes
150 g de cacahuètes
75 g de pain de mie
1 cuill. à soupe de concentré de tomate
1 cuill. à soupe d'huile d'arachide
1 petit piment rouge
1 citron, sel
400 g de riz long cuit à la créole
Préparation : 35 mn
Cuisson : 40 mn

Demandez à votre poissonnier d'écailler la dorade et de la vider par les ouïes. Lavez-la, séchez-la. □ Préparez la farce. Faites tremper le pain de mie émietté dans un verre d'eau tiède. □ Otez la coque des cacahuètes, faites-les griller 5 minutes dans la lèchefrite du four. □ Otez la peau, hachez-les, mélangez-les au pain de mie essoré, ajoutez le concentré de tomate, le piment haché et un peu de sel. □ Farcissez le poisson par les ouïes, huilez-le, mettez-le dans un plat à four. Arrosez avec le jus d'un citron allongé de sa quantité d'eau. □ Faites cuire à four chaud 230º (7 au thermostat) pendant 35 à 40 minutes environ et en arrosant de temps en temps le poisson avec la sauce. □ Cette dorade se sert dans le plat de cuisson entourée de riz créole.

Notre conseil : *pour farcir un poisson par les ouïes, utilisez une poche munie d'une douille ronde à bout uni.*

Dorades à la dalmatienne

YOUGOSLAVIE

Pour 6 personnes :
3 petites dorades
1 gros oignon, 2 gousses d'ail
2 poivrons rouges
2 poivrons verts
4 tomates, 1 citron
60 g de beurre
3 cuillerées à soupe d'huile
1 bouquet de persil
tabasco, sel, poivre
Préparation : 10 mn
Cuisson : 35 mn

Faites lever les filets de dorade par votre poissonnier. Rincez-les sous l'eau courante, épongez-les. Arrosez-les du jus du citron et laissez-les en attente. □ Émincez finement l'oignon. Otez les graines des poivrons, coupez-les en fines lamelles. Dans une sauteuse, faites fondre dans l'huile les oignons et les poivrons, en remuant de temps en temps. Comptez 20 mn de cuisson environ. □ Pendant ce temps, plongez les tomates dans de l'eau bouillante, pelez-les, épépinez-les et coupez la chair en dés. □ Dans une poêle, faites revenir au beurre les filets de poisson sur les deux faces. Au fur et à mesure, posez-les dans un plat et tenez-les au chaud dans le four doux. Ajoutez les tomates et l'ail pilé aux poivrons, mélangez et faites cuire sur feu plus vif. Salez et poivrez, ajoutez quelques gouttes de tabasco et le persil haché. Dressez les légumes tout autour des filets de dorade et servez immédiatement.

Notre conseil : *vous pouvez accompagner ces dorades d'un riz long grain cuit à la créole.*

Dorade du Pirée

GRÈCE

Pour 6 personnes :
1 grosse dorade ou
2 dorades moyennes
4 pommes de terre
4 tomates
2 citrons
2 oignons
sel, poivre
1/2 dl d'huile d'olive
thym
Préparation : 15 mn
Cuisson : 1 heure

Faites vider et écailler la dorade par votre poissonnier. □ Épluchez les pommes de terre, lavez-les, coupez-les en tranches assez fines, plongez-les 10 mn dans une grande quantité d'eau bouillante salée, égouttez-les. □ Coupez les tomates, les oignons, un citron en rondelles. □ Glissez à l'intérieur de la dorade un petit bouquet de thym et faites 2 ou 3 incisions sur le dessus du poisson. □ Dans un grand plat allant au four, versez l'huile d'olive, autant d'eau et le jus d'un citron. □ Dans le fond du plat, dressez les pommes de terre, puis les oignons, posez le poisson et disposez tout autour les tomates, le citron coupé en rondelles, salez, poivrez et faites cuire à four chaud 230° (7 au thermostat) pendant 20 mn, réduisez le feu à 200° (6 au thermostat) et continuez la cuisson encore 30 ou 40 mn.

Notre conseil : *blanchir les pommes de terre au préalable, sinon elles ne seraient pas assez cuites.*

Harengs saurs marinés
POLOGNE

Pour 6 personnes :
500 g de filets de harengs saurs
2 oignons
1 carotte
1/4 de litre de vinaigre de vin
1/4 de litre d'eau
poivre en grains
1 petit bouquet de thym
2 feuilles de laurier
1 cuillerée à soupe d'huile
3/4 de litre de lait
Préparation : 15 mn
Macération dans le lait : 2 heures
Marinade : 5 jours

Commencez par faire dessaler les filets de harengs dans le lait pendant 2 heures environ. ▫ Dans une casserole, versez le vinaigre, l'eau, ajoutez la carotte coupée en rondelles, le thym, le laurier, le poivre. Amenez à ébullition et faites réduire du tiers. ▫ Épongez les filets dans un papier absorbant. Coupez les oignons en rondelles. Disposez en couches les filets et les rondelles d'oignons. ▫ Versez sur le tout la marinade et ajoutez la cuillerée d'huile. Laissez macérer 5 à 6 jours dans un endroit frais.

Notre conseil : *ces harengs se servent en entrée mais aussi, pour un repas simple, accompagnés de pommes à l'anglaise.*

Huîtres Rockefeller
ÉTATS-UNIS

Pour 6 personnes :
3 douzaines d'huîtres fines de claires
400 g d'épinards surgelés
5 petits oignons, 2 gousses d'ail
1 branche de céleri
1 bouquet de persil
50 g de beurre
2 cuillerées à soupe de farine
1 petite boîte d'anchois allongés
2 cuillerées à soupe de liqueur d'anis
sel, poivre du moulin
gros sel de mer
Préparation : 15 minutes
Cuisson : 15 minutes

Ouvrez les huîtres, mettez-les dans une passoire fine et recueillez leur eau. □ Faites blanchir les épinards à l'eau bouillante, égouttez-les à fond, hachez-les au couteau. □ Hachez finement les oignons, l'ail, le céleri et le persil. Dans une sauteuse, faites fondre ce hachis au beurre. □ Saupoudrez de farine et mouillez avec l'eau des huîtres. Ajoutez les épinards, laissez cuire 10 minutes. □ Incorporez alors les anchois pilés et la liqueur d'anis. □ Lavez les coquilles d'huîtres, essuyez-les. Dans chacune disposez une huître égouttée et recouvrez de farce aux épinards. Posez sur chaque huître garnie une noisette de beurre. □ Saupoudrez un plat en métal de gros sel, calez les huîtres dessus et passez à four chaud 230º (7 au thermostat) pendant 10 minutes.

Notre conseil : *cette recette économique permet d'offrir seulement 6 huîtres par personne.*

Jambalaya d'écrevisses

ÉTATS-UNIS

Pour 6 personnes :
- 2 kg d'écrevisses
- 50 g de beurre
- 500 g de riz long
- 3 gousses d'ail
- 5 oignons
- 2 poivrons verts
- 1 dl de bouillon de volaille
- 1 kg de tomates
- 400 g de jambon de pays cru
- 1 bouquet garni
- sel, poivre, cayenne

Préparation : 30 mn
Cuisson : 35 mn

Lavez abondamment les écrevisses sous l'eau froide. Dans un fait-tout, versez une grande quantité d'eau froide salée. Faites bouillir, jetez les écrevisses dedans. Laissez-les cuire 5 mn à partir de la reprise de l'ébullition. Égouttez-les, réservez-en quelques-unes pour la décoration du plat. A l'aide de ciseaux, décortiquez les autres, gardez-les en attente. □ Dans une cocotte, faites fondre le beurre, ajoutez les oignons, l'ail et les poivrons hachés. Faites dorer légèrement, ajoutez le riz lavé à grande eau et égoutté. Laissez-le revenir jusqu'à ce qu'il devienne transparent. Ne cessez pas de remuer. Ajoutez les tomates épluchées et épépinées, le jambon coupé en dés. □ Mélangez, poivrez, ajoutez une pointe de cayenne et le bouquet garni, goûtez, salez si nécessaire. Mouillez avec le bouillon en recouvrant juste l'ensemble. Couvrez, faites cuire 30 mn à petit feu. □ A mi-cuisson, ajoutez les écrevisses. Servez très chaud.

Notre conseil : *si vous n'avez pas de reste de bouillon de volaille, utilisez du concentré et faites-le fondre dans de l'eau, selon le mode d'emploi.*

Langoustines au curry

ÉTATS-UNIS

Pour 6 personnes :
30 à 36 langoustines
4 œufs
3 citrons
1/4 de litre d'huile d'arachide
1 cuill. à soupe de moutarde forte
1 bonne cuill. à soupe de curry
1 filet de vinaigre
sel, poivre, farine
huile pour friture
Préparation : 20 mn, 3 h à l'avance
Cuisson : 5 à 6 mn par tournée

Épluchez les langoustines à cru en vous aidant de ciseaux, ôtez les têtes. □ Dans un plat creux, faites une marinade avec le jus des citrons et 1 pincée de curry, sel et poivre. Ajoutez les langoustines et laissez reposer au moins 3 h dans le bas du réfrigérateur en les remuant de temps en temps. □ Préparez une mayonnaise en travaillant au fouet à sauce 1 jaune d'œuf avec la moutarde, sel et poivre. Incorporez peu à peu l'huile, toujours en travaillant au fouet à sauce. Lorsque la mayonnaise est prise, ajoutez le vinaigre et le curry, mélangez. Laissez en attente, jusqu'au moment de servir. □ Dans une terrine battez 3 blancs d'œufs en neige ferme. Battez les jaunes à la fourchette et une fois mousseux, incorporez-les peu à peu aux blancs montés. Salez légèrement. Égouttez les langoustines et saupoudrez-les légèrement de farine. Trempez-les une à une dans les œufs battus et faites-les frire à la poêle dans de l'huile chaude. □ Une fois dorées, égouttez-les et dressez-les sur un plat recouvert d'un papier absorbant. Servez la mayonnaise au curry à part, en saucière.

Notre conseil : *faites frire 8 à 10 langoustines à la fois. Tenez-les au chaud, à l'entrée du four, porte ouverte, en attendant qu'elles soient toutes cuites.*

Langoustines en sauce
GRÈCE

Pour 6 à 8 personnes :
36 à 48 langoustines
2 boîtes 4/4 de tomates pelées
2 oignons hachés
1 gros bouquet de persil plat
2 dl de vin blanc sec
1 dl d'huile d'olive
1 cuillerée à café d'origan
120 g de fromage de brebis (feta)
sel, poivre
Préparation : 15 mn
Cuisson : 40 mn

Décortiquez les langoustines en laissant juste la queue, rincez-les sous l'eau fraîche, épongez-les dans du papier absorbant. □ Dans une sauteuse, faites chauffer la moitié de l'huile, mettez-y les oignons à fondre doucement, puis ajoutez les tomates égouttées, le vin blanc, la moitié du persil haché, l'origan, le sel, le poivre. Laissez cuire à découvert jusqu'à ce que le liquide soit évaporé. □ Dans une poêle, faites dorer, en plusieurs fois, les langoustines dans le reste de l'huile. Égouttez-les. □ Au fur et à mesure, ajoutez-les à la tomate, parsemez de fromage finement émincé. Laissez cuire, en mélangeant délicatement, 8 à 10 mn. Au moment de servir, saupoudrez du reste de persil haché.

Notre conseil : *vous pouvez remplacer le feta par le fromage de brebis corse, le brocciu.*

Lotte à la bière
BELGIQUE

Pour 6 personnes :
1 morceau de lotte de 1 kg environ
1/4 de litre de bière blonde
4 échalotes
2 dl de sauce tomate
75 g de crème fraîche
50 g de beurre
6 tranches de pain de mie
sel, poivre
Préparation : 10 mn
Cuisson : 30 mn

Faites dorer au four pendant 5 mn les tranches de pain de mie écroûtées, réservez-les. Coupez la lotte en 6 darnes. □ Dans une sauteuse, faites fondre au beurre les échalotes finement hachées. Mouillez avec la bière, posez les darnes de poisson, salez et poivrez. Couvrez et faites cuire 20 mn à feu doux. □ Sortez les morceaux de lotte avec une écumoire, posez chacun sur une tranche de pain de mie grillée. Tenez au chaud sur un plat à l'entrée du four. □ Reprenez la sauteuse, ajoutez la sauce tomate, faites bouillir pour réduire la sauce de moitié. Liez en ajoutant la crème. Versez la sauce sur le poisson. Servez immédiatement.

Notre conseil : *ne soyez pas dérouté par la cuisine à la bière. Le résultat est excellent et donne une très bonne sauce.*

Moules du Pirée
GRÈCE

Pour 6 personnes :
4 douzaines de grosses moules
2 tomates
1 poivron vert
300 g d'aubergines
4 gousses d'ail
4 cuill. à soupe d'huile d'olive
1 bouquet de persil
1 cuill. à soupe de ketchup
sel, poivre
Préparation : 15 mn
Cuisson : 25 mn

Épluchez les aubergines, épépinez le poivron et les tomates, coupez-les en petits dés. □ Faites-les frire dans l'huile d'olive, ajoutez l'ail haché, sel et poivre. □ Aussitôt que les légumes sont cuits, incorporez le ketchup, mélangez. Tenez au frais. □ Grattez les moules, lavez-les sous l'eau courante. Mettez-les dans un fait-tout et faites-les ouvrir sur le feu. Otez-les de leurs coquilles, laissez-les refroidir. □ Replacez chaque moule dans une coquille, entourez-la de légumes, saupoudrez de persil haché et servez frais.

Notre conseil : *cette entrée rafraîchissante s'accompagne d'un vin rosé frais.*

Moules à la bière

BELGIQUE

Pour 6 personnes :
3 litres de moules
3 oignons
1 branche de céleri
1 canette de bière blonde
poivre, sel

1 cuillerée à café de fécule
3 jaunes d'œufs
150 g de crème fraîche
25 g de beurre
Préparation : 30 mn
Cuisson : 15 mn

Grattez les moules, lavez-les dans plusieurs eaux sans les laisser tremper. Épluchez les oignons, hachez-les finement ainsi que la branche de céleri. □ Dans un fait-tout, faites-les fondre doucement au beurre. Mouillez avec la bière, poivrez, ajoutez les moules, couvrez. Faites cuire sur feu vif, le temps d'ouvrir les moules. □ Sortez-les de la marmite à l'aide d'une écumoire, enlevez une coquille sur deux, dressez-les sur le plat de service. Gardez-les au chaud à l'entrée du four. □ Filtrez le jus de cuisson à travers un chinois, réservez-en 1/4 de litre dans une petite casserole, délayez la fécule avec un peu d'eau froide, ajoutez le jus. Portez sur feu moyen, laissez cuire 3 mn. □ Délayez les jaunes d'œufs dans la crème, versez-les dans la sauce hors du feu en fouettant. Remettez sur feu doux, fouettez toujours, laissez épaissir sans bouillir. Rectifiez l'assaisonnement si nécessaire. Nappez les moules avec une partie du jus. Servez le reste en saucière.
Notre conseil : *doublez l'étamine du chinois d'un papier absorbant pour filtrer le jus : le sable ne passera pas.* □ *Servez avec ces moules une bière blonde de qualité.*

Paupiettes de sole
NORVÈGE

Pour 6 personnes :
2 belles soles à filets
100 g de beurre de saumon
50 g de saumon fumé
1 sachet de 100 g de crevettes
50 g de beurre
1 bouteille de vin blanc sec
250 g de crème fraîche
2 jaunes d'œufs
sel, poivre
Préparation : 15 mn
Cuisson : 25 mn

Faites lever les filets par votre poissonnier. Aplatissez-les légèrement avec une spatule en caoutchouc, lavez-les, essuyez-les. □ Étendez-les sur une planche ou un linge, côté brillant sur le dessus, salez, poivrez, tartinez-les légèrement de beurre de saumon. □ Disposez ensuite sur chaque filet des languettes de saumon fumé et 3 ou 4 crevettes. □ Roulez-les en paupiettes et disposez-les debout dans une sauteuse beurrée en les calant les unes contre les autres. □ Mouillez avec le vin blanc à hauteur, salez, poivrez. Recouvrez d'un papier sulfurisé beurré. □ Faites pocher sans bouillir tout d'abord sur le dessus de la cuisinière puis à four moyen 180º à 200º (5-6 au thermostat) pendant 18 minutes environ. □ Retirez les filets, dressez-les sur le plat de service, gardez-les au chaud à l'entrée du four. □ Faites réduire la cuisson pour obtenir 1 quart de litre de bouillon. Liez avec la crème, laissez bouillir 5 minutes. □ Hors du feu ajoutez les jaunes d'œufs. Rectifiez l'assaisonnement. Passez la sauce au chinois et nappez-en les filets.
Notre conseil : *décorez ce plat très raffiné de crevettes bouquets et servez le même vin que celui de la cuisson.*

Saumon gratiné
SUÈDE

Pour 6 personnes :
6 darnes de saumon frais
50 g de beurre
sel, poivre
3 cuillerées à soupe
de concentré de tomate

4 dl de vin blanc sec
250 g de crème fraîche
50 g d'emmenthal râpé
aneth
Préparation : 10 mn
Cuisson : 15 mn

Les darnes doivent avoir 2 cm d'épaisseur environ. ◻ Lavez-les, épongez-les dans du papier absorbant, salez-les et poivrez-les sur les deux faces. ◻ Dans une grande poêle, faites-les dorer dans 50 g de beurre. Otez le poisson et rangez-le dans un plat à gratin. ◻ Dans un récipient mélangez le concentré de tomate, le vin blanc, le râpé et la crème fraîche légèrement battue, versez cette préparation sur les darnes de saumon, ajoutez quelques branches d'aneth. ◻ Faites cuire à four chaud 230º (7 au thermostat). ◻ Décorez le plat avec quelques rondelles de citron.

Notre conseil : *si vous ne trouvez pas d'aneth, remplacez-le par des tiges de fenouil bulbeux.*

Thiou au poisson

SÉNÉGAL

Pour 6 personnes :
2 darnes de colin
3 darnes et 1 tête de congre
2 patates douces
1 petite tranche de potiron
2 pommes de terre
2 carottes, 2 navets
2 gousses d'ail, 3 oignons

1 boîte de 140 g
de concentré de tomate
1 petit piment
1 feuille de laurier
1/4 de litre d'huile d'arachide
sel, poivre
Préparation : 30 mn
Cuisson : 40 mn

Épluchez les pommes de terre, les carottes, les navets, le potiron, les patates douces, coupez-les en gros dés. □ Dans une cocotte et à l'huile, faites dorer les pommes de terre et les patates douces, retirez-les, réservez-les. □ A leur place, mettez à dorer les tranches de poisson et la tête de congre. Retirez-les. □ Toujours dans la cocotte, en remettant un peu d'huile, faites fondre les oignons et l'ail émincés. □ Ajoutez le concentré de tomate, remettez les poissons, les pommes de terre, les patates douces, ajoutez les carottes, les navets, le potiron, le piment, la feuille de laurier et 2 l d'eau. Couvrez, faites cuire à bons bouillons pendant 20 mn. □ A ce moment, retirez les darnes de poisson, maintenez-les au chaud. Continuez encore la cuisson des légumes 15 mn. □ Avant de servir, ôtez la tête de congre et remettez le poisson à réchauffer. □ Servez avec un riz créole.

Notre conseil : *ce plat délicieux est tout à la fois soupe et légumes. C'est le plat unique par excellence.*

Thon en ragoût

ESPAGNE

Pour 6 personnes :
1 darne de thon de 1 kg environ
4 oignons
3 gousses d'ail
1 kg de tomates
400 g de petits pois surgelés
6 petites pommes de terre B.F.
1 petit piment rouge
huile d'olive
thym, sel, poivre
Préparation : 10 mn
Cuisson : 50 mn

Lavez, épongez et découpez le thon en morceaux, faites-les dorer à la poêle dans 2 cuillerées à soupe d'huile, égouttez, laissez en attente. ▫ Dans une cocotte, faites fondre dans 2 cuillerées à soupe d'huile les oignons émincés et les gousses d'ail. ▫ Ajoutez les tomates coupées en deux et égrenées, le thon, les petits pois, les pommes de terre, le thym, le piment et 1 décilitre d'eau. ▫ Couvrez et laissez cuire doucement 45 minutes environ en remuant de temps en temps.

Notre conseil : *avant d'ajouter les petits pois vous les plongerez 2 minutes dans de l'eau bouillante et vous les égoutterez.*

3

Les viandes

Agneau au safran

INDE

Pour 6 personnes :
1,300 kg d'épaule d'agneau désossée
1 cuillerée à café de safran en filaments
1/2 litre de yaourt
2 cuillerées à café de graines de carvi
75 g d'amandes mondées non salées
3 cuillerées à soupe d'huile
1 bâton de cannelle
1/2 cuillerée à café de graines de cardamome
6 clous de girofle, sel
4 oignons moyens,
4 gousses d'ail
1 racine de gingembre frais
1/2 cuillerée à café de piment rouge en poudre
3/4 de litre de lait de coco
Préparation : 30 mn
Marinade : 30 mn
Cuisson : 50 mn

Faites tremper le safran 10 mn dans 3 cuillerées à soupe d'eau bouillante. ▢ Versez-le ensuite dans une terrine avec le yaourt, le carvi, 1 pincée de sel. ▢ Ajoutez la viande coupée en gros dés et mélangez le tout. Laissez mariner 30 mn. ▢ Faites tremper les amandes 10 mn dans 8 cuillerées à soupe d'eau bouillante. Égouttez-les et réservez l'eau de trempage. ▢ Hachez-les finement et passez-les au mixer avec leur eau jusqu'à obtention d'une purée lisse. ▢ Dans une cocotte à fond épais, faites chauffer l'huile, ajoutez les oignons et 2 gousses d'ail hachés, la cannelle, la cardamome, les clous de girofle et 2 cuillerées à soupe de gingembre. Faites revenir 7 à 8 mn en remuant bien. ▢ Ajoutez alors l'agneau, sa marinade, 8 cuillerées à soupe d'eau froide, la purée d'amandes, le piment. Mélangez et laissez cuire 10 mn. ▢ Ajoutez le lait de coco, amenez à ébullition et laissez mijoter 20 mn environ. ▢ Retirez la cannelle et les clous de girofle, dressez la viande, nappez avec la sauce et servez accompagné de riz créole et d'un choix varié de chutneys.

Notre conseil : *si vous ne trouvez pas de lait de noix de coco en conserve, préparez-le vous-même en râpant la pulpe de la noix, en lui ajoutant son poids en eau, en la battant à nouveau jusqu'à obtention d'un lait que l'on passe alors au chinois.*

Amourettes au parmesan

ITALIE

Pour 6 personnes :
1 kg d'amourettes
500 g de macaroni
250 g de crème fraîche
25 g de beurre
1 cuillerée à soupe de farine
100 g de parmesan râpé
1 oignon
1 bouquet garni
2 cuillerées à café d'huile
sel, poivre, muscade
Préparation : 15 mn
Trempage : 2 h
Cuisson : 25 mn

Faites dégorger les amourettes à l'eau fraîche pendant 2 heures, ôtez les ligaments s'ils n'ont pas été enlevés par le tripier. □ Mettez les amourettes dans un grand fait-tout, recouvrez d'eau froide, salez, poivrez, ajoutez l'oignon, le bouquet et portez à ébullition, baissez le feu et laissez frémir 8 minutes. Égouttez à fond. □ Faites bouillir une grande quantité d'eau salée avec l'huile. Jetez-y les macaroni non cassés, laissez-les cuire 15 minutes environ, ils doivent être cuits mais fermes. Égouttez-les. □ Préparez la sauce : dans une casserole faites un roux blond avec le beurre et la farine, versez la crème, laissez cuire doucement, salez, poivrez, ajoutez une pointe de muscade râpée. □ Découpez les amourettes en morceaux de 6 centimètres environ. □ Dans un saladier mélangez amourettes, sauce et macaroni bien chauds, saupoudrez de parmesan râpé, servez aussitôt.

Notre conseil : *si les amourettes se sont un peu refroidies, vous pouvez les réchauffer 2 minutes dans la sauce avant de les mettre dans un saladier.*

Bœuf au chou vert

BRÉSIL

Pour 6 personnes :
1,500 kg de bœuf (macreuse)
5 gros oignons, saindoux
3 clous de girofle
1 feuille de laurier
1 gros chou vert

250 g de riz
2 gousses d'ail
500 g de tomates
sel, poivre de Cayenne
Préparation : 30 mn
Cuisson : 4 h

Demandez à votre boucher de ficeler la viande sans la barder. □ Dans une braisière, faites chauffer 1 cuillerée à soupe de saindoux. Mettez la viande à dorer sur toutes ses faces. Ajoutez 4 oignons émincés, les clous de girofle, le laurier, sel et poivre. Couvrez, remplissez le couvercle d'eau, laissez cuire 3 h 30. □ Pendant ce temps, épluchez les tomates, épépinez-les, coupez la chair en petits dés. Dans une sauteuse avec 1 cuillerée à soupe de saindoux, versez le riz, l'oignon haché et les tomates. Mélangez et laissez cuire jusqu'à ce que le riz devienne opaque. Mouillez alors avec de l'eau bouillante en recouvrant le riz à hauteur, salez, poivrez, couvrez et faites cuire à petit feu 20 mn. □ Préparez le chou, ôtez les feuilles une à une, ne réservez que les plus belles en enlevant les côtes, Émincez-les très finement et préparez une grande poêle avec 2 cuillerées à soupe de saindoux et réservez. Environ 15 mn avant la fin de la cuisson de la viande, ôtez le couvercle et laissez réduire le jus. Retournez plusieurs fois la viande, le jus va former un caramel qui va envelopper la viande. □ Au moment de servir, faites sauter le chou émincé dans le saindoux pendant 5 mn environ. □ Dressez le chou sur le plat de service chaud, posez la viande dessus, présentez le riz à part.

Notre conseil : *prévoyez au moins trois tournées pour la cuisson du chou, tenez-les au chaud à l'entrée du four.*

Bœuf aux légumes

VIET-NAM

Pour 6 personnes :
500 g de filet de bœuf
400 g de riz cuit à l'eau
1 poivron vert
1/2 chou-fleur
200 g de germes de soja
1/2 concombre
15 g de fécule de maïs
1 gousse d'ail,
sel, poivre
huile d'arachide

Pour la sauce :
30 g de fécule de maïs
1/2 l de bouillon de bœuf
4 cuill. à soupe de vinaigre
2 cuill. à soupe
de sauce de soja
2 cuill. à soupe de
concentré de tomate
2 cuill. à soupe de miel
Préparation : 30 mn
Cuisson : 30 mn

Découpez la viande en petits dés. Divisez le chou-fleur en petits bouquets. Découpez le poivron et le concombre en dés. Lavez et égouttez le soja. Plongez le chou-fleur 10 mn dans de l'eau bouillante salée, égouttez-le. ◻ Dans une assiette, écrasez l'ail, mélangez-le à la fécule, salez et poivrez, roulez la viande dans une poêle, égouttez-la, réservez-la. ◻ Dans une cocotte, préparez la sauce en délayant la fécule avec le bouillon. Amenez à ébullition en remuant. A ce moment, ajoutez tous les légumes, le vinaigre, la sauce de soja, le miel, le concentré de tomate, sel et poivre. Faites bouillir à feu modéré pendant 10 mn. ◻ Ajoutez la viande, laissez cuire encore 5 mn. Servez avec le riz.

Notre conseil : *pour un dîner exotique et dépaysant, voilà un plat parfait. Vous le servirez accompagné d'un thé au jasmin.*

Bœuf au miel

ÉTATS-UNIS

Pour 6 personnes :
1,500 kg de gîte ou de macreuse
3 cuillerées à soupe de farine
3/4 de litre d'eau bouillante
8 carottes,
3 patates douces
100 g de miel
200 g de pruneaux dénoyautés
30 g de beurre
2 cuillerées à soupe d'huile
sel, poivre
Préparation : 10 mn
Cuisson : 3 h 15

Mélangez 2 cuillerées à café de sel et 1 de poivre, frottez-en le morceau de viande. Faites-le revenir doucement sur toutes ses faces dans une cocotte avec moitié huile, moitié beurre. □ Sortez la viande, saupoudrez la cuisson de farine, remuez, mettez sur le feu, mouillez avec l'eau bouillante en remuant sans cesse. Salez, poivrez. Remettez la viande, couvrez et laissez cuire doucement 1 h. □ Épluchez les carottes et les patates, coupez les premières en tronçons et les secondes en morceaux. Mettez-les dans la cocotte autour de la viande, ajoutez le miel et les pruneaux. Couvrez et mettez au four à chaleur moyenne 200º (6 au thermostat) pendant 2 h. □ Servez la viande découpée, entourée des légumes et nappés de sauce.

Notre conseil : *la sauce se caramélise, enrobe la viande et les légumes, c'est normal, ne la rallongez surtout pas.*

Bœuf Strogonoff

RUSSIE

Pour 6 personnes :
1,200 kg de filet de bœuf bien maigre
1 cuillerée à soupe de moutarde en poudre
1 cuillerée 1/2 à café de sucre en poudre
5 cuillerées à soupe d'huile
8 oignons moyens
500 g de champignons de Paris
1/2 litre de crème fraîche
1 citron, sel, poivre
Préparation : 20 mn
Cuisson : 40 mn

Dans un bol mélangez la moutarde avec le sucre, une pincée de sel, ajoutez un peu d'eau pour obtenir une pâte épaisse. □ Épluchez et émincez les oignons, ôtez le bout terreux des champignons, coupez-les en fines lamelles. □ Faites chauffer 2 cuillerées à soupe d'huile dans une grande poêle, versez oignons et champignons, couvrez, baissez le feu et laissez mijoter 20 à 30 minutes, remuez de temps en temps. □ Égouttez-les, jetez la cuisson et remettez-les dans la poêle hors du feu. □ Découpez la viande en tranches de 1 demi-centimètre d'épaisseur, puis débitez ces tranches en lanières fines de 1 demi-centimètre de large. □ Dans une autre poêle et sur feu vif, faites chauffer 2 cuillerées à soupe d'huile. □ Dès qu'elle est chaude, mais sans fumer, versez le tiers de la viande dedans, remuez constamment avec une cuillère en bois pendant 2 minutes. □ Égouttez-la et versez-la sur les légumes en attente. □ Faites revenir le reste de la viande par petites quantités et ajoutez de l'huile si nécessaire. Versez sur les légumes. □ Portez le tout sur feu doux et tout en remuant ajoutez la préparation à la moutarde, salez, poivrez. Couvrez et laissez mijoter 2 à 3 minutes. □ Enlevez la viande, laissez-la en attente sur un plat. □ Déglacez la poêle avec la crème, amenez à ébullition, versez la viande dans cette sauce, mélangez sur feu doux. Servez immédiatement.

Notre conseil : *c'est un plat facile à faire, mais la cuisson de la viande doit être faite rapidement.*

Carpaccio
ITALIE

Pour 6 personnes :
1 kg de filet de bœuf
1/4 de litre
d'huile d'olive
2 citrons

sel, poivre
persil haché
Préparation : 15 mn,
2 h à l'avance
Pas de cuisson.

Demandez au boucher un filet de bœuf dégraissé et non ficelé. □ A l'aide d'un bon couteau, détaillez des tranches de filet très fines (presque comme du jambon de Parme). Posez-les dans un plat creux, arrosez-les d'huile, de jus de citron, salez et poivrez. Laissez mariner 1 heure au réfrigérateur. □ Présentez quatre tranches de viande par personne. Accompagnez-les de feuilles de laitue, de rondelles de citron et parsemez du persil haché. Servez très frais.

Notre conseil : *pour découper plus facilement les tranches de viande, entreposez le morceau de filet 1 h dans le congélateur.*

Choucroute farcie

HONGRIE

Pour 6 personnes :
350 g d'échine de porc désossée et hachée
100 g de riz cuit à l'eau
2 œufs
1 kg de choucroute crue
6 côtes de porc dans le filet
50 g de saindoux
1 chou vert
3 oignons
2 cuillerées à café de paprika
250 g de crème fraîche
1 bouteille de vin blanc sec
sel, poivre
Préparation : 30 mn
Cuisson : 2 h 45

Lavez le chou à grande eau et faites-le blanchir 5 à 8 minutes dans de l'eau bouillante salée. Égouttez-le. □ Hachez les oignons, faites-les fondre dans 20 g de saindoux. □ Dans une terrine mélangez l'échine hachée, le riz, les œufs entiers, le paprika, les oignons. □ Détachez les feuilles du chou une à une. Posez trois feuilles à plat sur la table, garnissez-les de farce, rabattez les feuilles, ficelez-les, faites ainsi six paquets de chou farci. □ Dans une grande cocotte, mettez le reste du saindoux, la moitié de la choucroute, lavée et blanchie, les paquets de chou farci, recouvrez du reste de choucroute. □ Mouillez avec le vin blanc, salez, poivrez, couvrez et faites cuire 2 heures 30 à four chaud. □ Après la cuisson, sortez le chou farci, posez-le sur un plat chaud. □ Liez la choucroute avec la crème, mélangez bien. □ Dressez la choucroute sur un grand plat, disposez dessus alternativement le chou farci et les côtes de porc cuites à la poêle.

Notre conseil : *ce plat très copieux est le type même du plat unique pour recevoir ses amis par une soirée d'hiver.*

Côtes de porc barbecue
MEXIQUE

Pour 6 personnes :
6 côtes de porc dans l'échine
1/2 litre de concentré de tomate
6 gousses d'ail
1 cuillerée à café de chili en poudre
4 cuillerées à café de sucre en poudre
1 dl d'huile d'olive,
sel

Préparation : 5 mn
+ 30 mn de marinade
Cuisson : 20 mn

Dans un plat creux versez le concentré de tomate, l'huile, le sucre, le sel, l'ail pilé et le chili, mélangez. □ Trempez les côtes de porc dans cette marinade sur les deux faces. Laissez macérer 30 mn. □ Posez les côtes sur un gril et faites-les cuire sous le grilloir du four. Comptez 8 à 10 mn de cuisson pour chaque face. □ Servez le reste de la marinade en saucière et accompagnez ce plat d'un riz créole ou d'aubergines frites.

Notre conseil : *la marinade doit être relevée, si vous ne trouvez pas de poudre de chili (qui est vendue dans les épiceries fines) remplacez-la par du tabasco ou de la pâte de piments.*

Côtes de porc aux pruneaux
DANEMARK

Pour 6 personnes :
6 côtes de porc dans le filet
beurre
huile
sel, poivre
400 g de pruneaux

75 g de crème fraîche
1 cuillerée à soupe de gelée de groseille
6 dl de vin blanc sec
Préparation : 30 mn
Cuisson : 15 mn

Dénoyautez les pruneaux et mettez-les à tremper 10 mn dans une casserole avec 4 dl de vin blanc, 2 bonnes pincées de sel et du poivre. □ Dans une poêle, dans moitié beurre-moitié huile, faites dorer les côtes de porc. □ Égouttez-les, posez-les dans un plat allant au four et continuez la cuisson au four chauffé d'avance à 200º (6 au thermostat). □ Mettez les pruneaux sur le feu et amenez le vin à ébullition. Couvrez et laissez-les pocher doucement 10 mn. □ Jetez le gras de la poêle, remettez-la sur le feu et déglacez-la avec le reste du vin blanc en grattant avec une fourchette pour détacher les sucs de cuisson. Laissez réduire de moitié. □ Hors du feu, liez avec la crème fraîche. Salez, poivrez et parfumez avec 1 cuillerée à soupe de gelée de groseille. □ Dressez les côtes sur un plat, entourez-les des pruneaux égouttés et nappez de sauce.

Notre conseil : *pour gagner du temps, faites dorer les côtes dans deux poêles en même temps.*

Filet mignon en croûte

SUISSE

Pour 6 à 8 personnes :
500 g de pâte brisée
1 filet mignon de porc
500 g de chair fine
1 poireau,
1 petit céleri en branches
3 échalotes, 1 oignon
persil, ciboulette
1 œuf, 50 g de beurre
2 sachets de gelée en poudre
sel, poivre

Pour la marinade
5 dl de vin blanc
1 oignon, 1 échalote
2 clous de girofle
1 gousse d'ail
1 carotte,
1 brin de thym
8 grains de poivre
Préparation : 15 mn la veille + 15 mn le jour même
Cuisson : 2 h

Dans une terrine, mettez le filet mignon avec tous les ingrédients de la marinade, mouillez avec le vin blanc, laissez macérer au moins 24 h en le retournant plusieurs fois. □ Égouttez-le soigneusement. □ Émincez le poireau, le céleri, les échalotes et les oignons. Dans une poêle, faites fondre 30 g de beurre, et mettez les légumes à cuire doucement et à couvert. □ Abaissez les deux tiers de la pâte, foncez-en un moule à cake beurré. □ Dans un saladier, mélangez la chair fine, les légumes cuits, persil et ciboulette hachés, sel et poivre. Au fond du moule, étalez la moitié de la farce, couchez le filet mignon dessus, recouvrez de farce. □ Abaissez le reste de la pâte, posez-le en couvercle sur le moule, humectez et pincez les bords entre les doigts pour le coller. Persez deux trous dans lesquels vous introduirez 2 petits cartons blancs roulés qui serviront de cheminée. Dorez à l'œuf battu. Faites cuire à four moyen 220º (6/7 au thermostat), 2 h environ. □ Renversez le pâté sur un plat sans le démouler afin que le gras s'écoule. Laissez-le ainsi 10 mn. Démoulez-le, laissez-le refroidir. □ Préparez la gelée, faites-la couler par les trous des cheminées, laissez refroidir. Servez coupé en tranches.

Notre conseil : *ce délicieux pâté se sert en entrée, mais avec une salade verte il peut devenir un plat complet pour un dîner.*

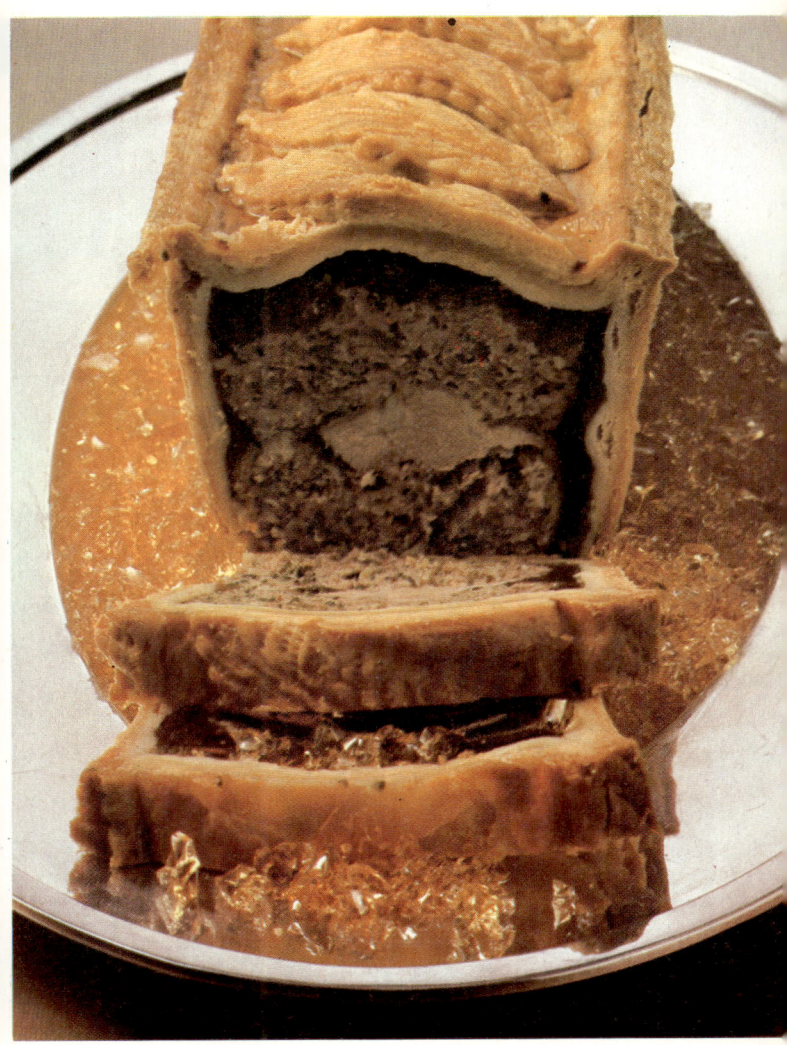

Fricatelles à la menthe

LIBAN

Pour 6 personnes :
1 kg de poitrine de veau désossée
200 g d'épaule de mouton
2 œufs
1 crépine de porc
1 verre de lait
1 tranche épaisse de pain de mie
4 oignons
26 feuilles de menthe
1 cuill. à café de ras-el-hanout
1 verre de vin blanc sec
100 g de beurre
3 cuill. à soupe d'huile d'arachide
sel, poivre
Préparation : 25 mn
Cuisson : 25 mn

Faites tremper la crépine dans de l'eau fraîche. ▫ Passez au hachoir le veau, le mouton, 2 oignons et 20 feuilles de menthe. ▫ Ajoutez la mie de pain trempée dans le lait chaud et exprimée et les œufs entiers. Mélangez. Salez, poivrez, parfumez avec le ras-el-hanout. Faites 6 belles boulettes, enveloppez chacune dans un morceau de crépine, refermez bien. ▫ Dans une poêle, faites fondre dans 50 g de beurre les 2 oignons restants émincés. Pendant ce temps, dans une sauteuse faites revenir doucement les fricatelles dans moitié beurre, moitié huile. Lorsqu'elles sont dorées sur toutes les faces, ôtez-les de la sauteuse, jetez le gras de cuisson et déglacez le fond de la sauteuse avec le vin blanc. ▫ Réduisez le feu, ajoutez les oignons, puis les fricatelles, posez sur chacune 1 feuille de menthe. Couvrez et laissez cuire doucement 15 mn environ.

Notre conseil : *ce plat économique est exquis et rafraîchissant, grâce à son goût de menthe. Vous le servirez avec du riz ou encore des courgettes sautées.*

Jambon glacé au bourbon

ÉTATS-UNIS

Pour 10 à 12 personnes :
1 jambon façon Prague de 5 kg
poivre en grains, 1 bouquet garni
200 g de sucre roux
20 clous de girofle
1 dl de whisky bourbon
2 cuill. à soupe de moutarde
8 oranges
1 boîte 4/4 d'ananas au sirop
300 g de beurre
100 g de sucre en poudre
1 cuillerée à café d'arrow root
tabasco, piment doux
Préparation : 30 mn
Cuisson : 4 h dans le bouillon
1 h 20 mn au four

Mettez le jambon dans beaucoup d'eau froide non salée avec 1 bouquet garni et 5 grains de poivre. Laissez cuire 4 h, à petits bouillons. □ Laissez refroidir le jambon dans sa cuisson. Otez la couenne et le gras. Avec un couteau, incisez sa surface de petits losanges. Posez le jambon sur un plat et réchauffez-le 1 h au four chaud. □ Sortez le plat du four, piquez chaque losange de clous de girofle et badigeonnez le jambon, à l'aide d'un pinceau, avec la sauce suivante : mélangez dans un bol, le whisky, le sucre roux, la moutarde. Remettez au four et badigeonnez plusieurs fois. Le jambon va prendre une couleur caramel clair. Comptez 20 mn de cuisson. □ Égouttez les tranches d'ananas, épluchez 6 oranges à vif. Coupez 4 oranges en rondelles, détaillez les 2 autres en quartiers, ôtez les peaux et coupez-les en dés. Faites revenir au beurre les tranches d'ananas, saupoudrez de 2 cuillerées à soupe de sucre en poudre. Égouttez-les. Procédez de même pour les tranches d'oranges. □ Réservez le beurre de cuisson. Posez le jambon sur le plat de service, piquez-le de bâtonnets garnis de dés d'oranges. Entourez-le des tranches d'ananas et d'oranges. Maintenez au chaud. □ Versez dans une casserole, le beurre de cuisson des fruits, le jus des ananas, le jus de 2 oranges, 5 cl de whisky, 3 clous de girofle, 1 pincée de piment doux, quelques gouttes de tabasco. Faites réduire de moitié. Délayez l'arrow-root dans 1 cuillerée à café d'eau froide, versez dans la sauce en fouettant jusqu'à ce qu'elle soit veloutée.

Keftaidakia
GRÈCE

Pour 6 personnes :
1 kg de steak haché
2 oignons finement hachés
3 gousses d'ail écrasées
farine, beurre
sel, poivre
origan
25 feuilles de menthe fraîche
2 tranches de pain de mie
1/2 tasse de vin blanc sec
1 œuf
huile d'olive pour friture
Préparation : 20 mn
Cuisson : 15 mn

Mélangez dans une grande terrine viande, oignons, ail, sel, poivre, origan et menthe fraîche hachée. ▫ Écroûtez les tranches de pain, mettez la mie à tremper dans le vin, sortez-la, serrez-la entre les mains pour en exprimer tout le liquide, ajoutez-la dans la terrine ainsi qu'un œuf entier. ▫ Mélangez bien l'ensemble, formez de petites boulettes, passez-les dans la farine et faites dorer doucement dans l'huile sur toutes les faces. ▫ Sortez-les alors de la friture, égouttez-les sur un papier absorbant et gardez au chaud jusqu'au moment de servir. ▫ Décorez avec quelques feuilles de menthe.

Notre conseil : *ces boulettes se servent surtout à l'apéritif, mais peuvent devenir un plat de résistance, accompagnées de riz créole ou d'une bonne salade.*

Lapin au citron confit

MAROC

Pour 6 personnes :
2 lapins de 1,500 kg environ
4 oignons
4 gousses d'ail
2 cuill. à café
de gingembre confit
2 citrons confits

300 g d'olives vertes
1 bouquet de persil
3 cuill. à soupe
d'huile d'olive
sel, poivre
Préparation : 20 mn
Cuisson : 45 mn

Découpez les râbles des lapins en morceaux (conservez les corsets pour une autre préparation). Dénoyautez les olives, faites-les tremper dans un bol d'eau fraîche. □ Dans une cocotte, faites revenir le lapin dans l'huile. Aussitôt les morceaux dorés, ôtez-les et réservez-les. A leur place, faites fondre doucement les oignons hachés. □ Jetez le surplus d'huile. Remettez les morceaux de lapin, ajoutez l'ail et le persil hachés, le gingembre râpé, sel et poivre. Mouillez avec 2 dl d'eau. Amenez à ébullition, couvrez et réduisez le feu. Faites cuire 35 mn. □ Dix minutes avant la fin de la cuisson, ajoutez les citrons confits coupés en 4 et les olives. Pour servir, dressez les morceaux de lapin sur un plat chaud, entourez-les de citrons et d'olives.

Notre conseil : *en principe les citrons confits au sel se préparent à la maison, mais on en trouve dans certaines épiceries fines au rayon des plats surgelés.*

Oie aux choux et pruneaux

ALLEMAGNE

Pour 6 personnes :
1 oie de 5 kg
2 kg de pommes
500 g de pruneaux
125 g de beurre
sel, poivre, sucre en poudre
1 gros chou rouge
1 dl de vinaigre
2 cuillerées à soupe de graisse d'oie
1 à 2 cuillerées à café de graines de carvi
Préparation : 50 mn
Cuisson : 2 h 15

Mettez les pruneaux à tremper 2 h environ. Réservez 6 pruneaux et 6 pommes, épluchez les autres, évidez-les, coupez-les en tranches et faites-les revenir rapidement dans 75 g de beurre. □ Dans une terrine, mélangez les pommes mi-cuites et les pruneaux égouttés dénoyautés avec 2 cuillerées à café de sucre, sel et poivre. Farcissez l'oie avec ces fruits, recousez-la. Posez la volaille sur la grille du four, lèche-frite en dessous, et faites cuire à four chaud 230º (7 au thermostat). □ Aussitôt que l'oie est dorée sur toutes ses faces, réduisez le feu à 190º (5 au thermostat), comptez en tout 2 h 15 de cuisson. □ Pendant ce temps, émincez finement le chou. Dans une cocotte, faites-le revenir doucement dans la graisse d'oie, mouillez avec le vinaigre et 1 dl d'eau, salez, poivrez, parfumez avec le carvi et couvrez. Faites cuire à feu doux 1 h 15 environ. Faites pocher 10 mn dans leur eau de trempage les pruneaux réservés. Prenez les pommes réservées, ne les épluchez pas, mais faites au 1/3 de leur hauteur et tout autour, une entaille, ceci pour éviter que la peau n'éclate. Évidez-les, mettez une noisette de beurre dans chacune et faites-les cuire à four chaud 230º (7 au thermostat) pendant 25 mn. Découpez l'oie après avoir vidé la farce. Pour servir, dressez l'oie sur un plat chaud avec la farce au centre et entourée des pommes au four farcies chacune d'un pruneau. Servez le chou rouge à part.

Notre conseil : *l'oie avec sa chair un peu grasse, supporte parfaitement bien le mélange salé-sucré.*

Porc à l'ananas

VIET-NAM

Pour 6 personnes :
400 g d'échine de porc
2 cuill. à soupe de fécule de maïs
2 cuill. à soupe de vin blanc sec
3 cuill. à soupe de saindoux
1 gros poivron vert
1 racine de gingembre
1 cuill. à soupe d'oignon vert émincé
1 grosse tomate
1 piment langue d'oiseau écrasé
2 cuill. à soupe de vinaigre
1 grande boîte d'ananas en tranches
sel
Préparation : 15 mn
Cuisson : 15 mn

Coupez le porc en petits dés. □ Dans une terrine, mélangez 1 cuillerée à soupe de fécule, le vin blanc, 2 cuillerées à soupe de sauce soja. Enrobez les dés de porc de cette préparation, laissez macérer 15 mn. □ Épongez et faites cuire les morceaux de porc à la poêle dans 2 cuillerées à soupe de saindoux, ôtez-les, réservez-les. □ A part, dans la même poêle et dans le reste du saindoux, faites revenir le poivron coupé en lamelles, 1 pincée de gingembre râpé et l'oignon. Laissez cuire doucement 10 mn, ajoutez la tomate épluchée, épépinée et coupée en morceaux, laissez cuire encore 5 à 8 mn. □ Dans un bol, mélangez le reste de la fécule et de la sauce de soja, le vinaigre et le jus de la boîte d'ananas, versez sur les légumes, salez, ajoutez le piment écrasé, laissez mijoter 5 mn. □ Ajoutez le porc et les tranches d'ananas coupées en morceaux, faites cuire 2 à 3 mn encore et servez avec un riz créole.

Notre conseil : *si la sauce est un peu trop épaisse, allongez-la d'un demi-verre d'eau.*

Porc braisé au citron

PORTUGAL

Pour 6 personnes :
1,500 kg d'échine de porc désossée
1 cuill. à soupe de saindoux
1 citron non traité
2 dl de vin blanc sec
2 cuill. à café de cumin en poudre
2 cuill. à café de graines de coriandre
2 gousses d'ail
sel
poivre
Préparation : 10 mn
Cuisson : 1 h 30

Découpez l'échine en petits morceaux. □ Dans une grande poêle, faites dorer la viande dans le saindoux. Aussitôt les morceaux dorés, égouttez-les et mettez-les dans une cocotte. □ Lorsque toute la viande est revenue, jetez le gras et déglacez la poêle avec le vin blanc en grattant bien le fond avec une fourchette. □ Versez cette sauce dans la cocotte, ajoutez l'ail haché, les épices, sel, poivre. Couvrez et faites cuire 45 mn à feu moyen. □ Mettez alors le citron coupé en fines rondelles. Laissez cuire encore 30 mn à couvert.

Notre conseil : *servez ce porc avec des pommes de terre cuites à la vapeur ou avec un riz créole.*

Porc sauté au chou chinois

CHINE

Pour 6 personnes :
600 g de filet de porc
2 choux chinois
sel
1/2 l d'huile
Pour la marinade :
1 cuill. à soupe de sauce soja
3 cuill. à soupe d'eau
2 cuill. à café de Maïzena
2 blancs d'œufs

Pour la liaison :
2 cuill. à café de Maïzena
4 cuill. à soupe d'eau
1 pincée de sel
1 cuill. à café
de gingembre frais râpé
2 cuill. à soupe de sauce soja
Préparation : 20 mn,
2 heures à l'avance
Cuisson : 20 mn

Commencez par mettre le porc une heure au congélateur, pour qu'il durcisse et que le découpage soit facilité. □ Sortez la viande du congélateur. Coupez-la dans sa longueur, puis taillez de très fines tranches. Mettez-les dans un plat creux et versez dessus la marinade faite avec ses ingrédients et les blancs d'œufs, juste cassés. Laissez mariner 30 mn. □ Dans un bol, préparez la liaison. Lavez et épongez les choux. Taillez-les en très fines lanières. Dans le wok (récipient chinois) ou dans une grande poêle avec de l'huile, faites dorer en plusieurs fois les tranches de viande. Au fur et à mesure, posez-les sur un plat, tenez-les au chaud au four. □ Lorsque toute la viande est dorée, remettez de l'huile dans le wok et jetez-y la moitié des choux. Faites-les cuire à feu vif 5 mn en remuant souvent. Mettez-les sur un plat, tenez-les au chaud, faites cuire le reste des choux. Ajoutez-les aux autres. □ Remettez un peu d'huile dans le wok et versez alors toujours sur feu vif le porc et le chou. Faites sauter encore 5 mn. Salez, ajoutez le jus rendu par le porc et la liaison. Mélangez. Servez très vite.

Notre conseil : *ce plat chinois s'accompagne bien sûr d'un thé au jasmin. Le chou chinois est un excellent légume moins fort que le chou français.*

Porc au soja

JAPON

Pour 6 personnes :
1,200 kg d'échine de porc désossée
50 g de beurre
5 oignons moyens
1 chou de Milan moyen
2 morceaux de sucre
3 cuillerées à soupe de sauce soja
5 gros poireaux
sel
poivre
Préparation : 20 mn
Cuisson : 1 h

Coupez la viande en gros dés de 5 centimètres environ. Faites-la revenir au beurre dans une cocotte. ▫ Retirez la viande et, dans la graisse de cuisson, mettez à blondir les oignons épluchés et coupés en rondelles. ▫ Remettez la viande dans la cocotte avec les oignons. ▫ Lavez le chou, coupez-le en quatre puis en lanières, versez-le dans la cocotte avec 1 verre d'eau, la sauce soja, le sucre, le sel, le poivre. ▫ Épluchez et lavez les poireaux, conservez seulement les blancs. ▫ Coupez-les en tronçons de 4 centimètres, ajoutez-les à la viande. Couvrez et faites cuire à feu modéré. ▫ Rectifiez l'assaisonnement, ajoutez si nécessaire une cuillerée de sauce soja. Servez avec du riz créole.

Notre conseil : *avant de couper le chou faites-le tremper une heure dans de l'eau vinaigrée.*

Potée aux pois cassés

PAYS-BAS

Pour 6 personnes :
500 g de pois cassés
2 pieds de porc frais
1 kg de palette demi-sel
2 saucisses fumées
4 poireaux
1 cœur de céleri en branches
1/2 céleri-rave
3 oignons, 4 carottes
1 bouquet de persil
Préparation : 20 mn
Cuisson : 2 h 45

Faites tremper la palette 1 h dans de l'eau fraîche. Mettez les pois cassés, triés, dans un fait-tout avec 3,5 litres d'eau froide. Amenez doucement à ébullition et écumez. □ Ajoutez alors la palette et les pieds de porc, poivrez, couvrez et laissez cuire doucement 2 heures. □ Coupez les poireaux, les carottes, les céleris en petits morceaux, versez-les dans la potée ainsi que les oignons, le persil et les saucisses. Faites reprendre l'ébullition et continuez encore la cuisson 45 mn. □ Égouttez la viande, les pieds de porc. Détaillez le tout en morceaux, coupez la saucisse en rondelles, remettez-la dans la soupe. Servez la soupe dans des assiettes creuses, présentez la viande à part.

Notre conseil : *servez ce plat unique avec de la moutarde et du pain de campagne.* □ *Accompagnez-le d'un beaujolais nouveau.*

Poulet farci au couscous

MAROC

Pour 6 à 8 personnes :
1 poulet de 2 kg environ
1 kg de couscous moyen
350 g d'amandes
2 cuillerées à soupe d'huile
300 g de raisins secs
300 g de beurre
1 cuill. à café de ras-el-hanout
3 oignons
1 petit bouquet de persil
1 pointe de couteau de safran
1 couscoussier
Préparation : 45 mn
Cuisson : 2 heures

Plongez les amandes 2 mn dans une casserole d'eau bouillante. □ Égouttez-les, ôtez la peau, séchez-les dans un linge, faites-les sauter à la poêle dans un peu d'huile et concassez-les grossièrement. □ Faites gonfler les raisins dans un bol en les recouvrant d'eau tiède. □ Versez le couscous dans une jatte et lavez-le à l'eau froide, égouttez-le dans une grande passoire à riz. Laissez-le gonfler 30 mn. Remplissez la marmite du couscoussier aux 3/4 d'eau salée, lorsqu'elle bout versez le couscous dans la partie trouée et faites-le cuire à la vapeur 10 mn. □ Retirez le couscous, versez-le dans un plat, mouillez-le légèrement d'eau salée froide et laissez-le gonfler 10 mn. □ Ajoutez les raisins égouttés, mélangez et remettez dans le couscoussier à cuire 10 mn. □ Versez à nouveau dans un plat et ajoutez les amandes, le ras-el-hanout et 200 g de beurre en parcelles, mélangez à la main. □ Farcissez le poulet avec les 2/3 du couscous, recousez-le et bridez-le. □ Dans une cocotte, mettez le poulet avec 3/4 de litre d'eau, les oignons coupés en quatre, le persil et le safran, couvrez et faites cuire 1 h 30 à partir de l'ébullition. Tenez le reste du couscous au chaud à la vapeur. □ Sortez le poulet, passez-le 10 mn à four très chaud 250° (8 au thermostat), juste pour lui donner une couleur dorée et servez-le sur un lit de couscous beurré.

Notre conseil : *au moment de sortir le poulet de la cocotte, il ne doit rester que très peu de liquide, servez ce jus à part, bien chaud, dans une saucière.*

Poulet mariné frit

RÉP. DOMINICAINE

Pour 6 personnes :
2 poulets
1 dl de rhum, 2 citrons verts
4 cuill. à soupe de sauce soja
huile pour friture

200 g de farine
sel, poivre du moulin
1 petit piment
Préparation : 15 mn la veille
Cuisson : 10 à 15 mn

Découpez les poulets en morceaux. Disposez-les dans un plat sabot. □ Faites chauffer le rhum, ajoutez le jus des citrons verts, la sauce au soja et le petit piment écrasé. □ Versez cette sauce sur les morceaux de poulet, salez, poivrez et laissez mariner une nuit au réfrigérateur. □ Égouttez les morceaux de poulet à fond. Roulez-les très rapidement dans la farine. Secouez pour ôter l'excédent. □ Dans une friteuse, faites chauffer l'huile et jetez dedans 4 ou 5 morceaux de poulet. Laissez cuire 10 à 12 minutes environ. □ Au fur et à mesure qu'ils sont cuits, dressez les morceaux sur le plat de service recouvert d'un linge. Gardez au chaud à l'entrée du four. □ Lorsque tout est cuit, servez ce poulet frit entouré de quartiers de citron.
Notre conseil : *si vous ne pouvez pas faire mariner le poulet toute une nuit, mais seulement 3 ou 4 heures (temps minimum), piquez profondément les chairs de quelques coups de fourchette avant de les plonger dans la marinade pour qu'ils s'en imprègnent bien.*

Poulet aux oignons
ÉTHIOPIE

Pour 6 personnes :
1 gros poulet
30 g de beurre
1 kg d'oignons émincés
sel, poivre,
1 pincée de sucre
2 feuilles de laurier
1 branche de thym
1 cuill. à café de cannelle
1 cuill. à café
de gingembre frais râpé
1 cuill. à soupe de ras-el-hanout
2 œufs durs
3 gousses d'ail
Préparation : 20 mn
Cuisson : 40 mn

Découpez le poulet en morceaux. □ Dans une cocotte contenant le beurre, faites-les dorer doucement sur toutes les faces en faisant très attention de ne pas brûler le beurre. Retirez et réservez-les. □ A leur place, dans la cocotte, versez les oignons émincés, salez, poivrez et ajoutez le sucre. Laissez-les fondre à petit feu. □ Remettez alors les morceaux de poulet, puis le laurier, le thym, la cannelle, le gingembre et le ras-el-hanout. □ Remuez, mouillez d'eau chaude jusqu'à hauteur de la viande. Salez et poivrez. □ Laissez cuire 40 mn à feu doux. En fin de cuisson, mélangez l'ail pilé à la sauce. □ Dressez sur le plat de service, saupoudrez d'œufs durs hachés. Servez accompagné d'un riz créole.
Notre conseil : *le ras-el-hanout est une épice que l'on trouve facilement dans les épiceries spécialisées.*

Steaks sauce créole

ÉTATS-UNIS

Pour 6 personnes :
6 tournedos épais
1,500 kg de tomates
4 échalotes
5 gousses d'ail
2 poivrons verts
2 cuillerées à soupe d'huile
1 bouquet garni
1 dl de xérès
sel, cayenne en poudre
Préparation : 30 mn
Cuisson : 40 mn

Épluchez, épépinez les tomates et coupez la chair en dés. □ Dans une grande casserole, faites fondre dans l'huile les échalotes et l'ail hachés. Ajoutez la chair des tomates, le bouquet garni, le sel et une pincée de cayenne. Faites cuire à découvert jusqu'à réduction complète de l'eau des tomates. Passez la sauce à la moulinette grille fine. □ Pendant ce temps, mettez les poivrons au four sous le gril, porte ouverte. Laissez-les griller de tous les côtés. Retirez-les et enveloppez-les dans un papier absorbant mouillé, laissez-les refroidir. Otez alors le papier, les poivrons s'éplucheront plus facilement. □ Coupez-les en petits dés, ajoutez-les à la sauce ainsi que le xérès, laissez cuire 5 mn. Goûtez et rectifiez l'assaisonnement si cela est nécessaire. □ Huilez les tournedos, faites-les cuire sur le gril. Dressez les tournedos sur un plat chaud, arrosez-les de sauce chaude.

Notre conseil : *il est difficile d'indiquer un temps de cuisson pour les tournedos, cela dépend du goût de chacun. La sauce demande à être très relevée.*

Veau au thon

ITALIE

Pour 6 personnes :
1,750 kg de noix de veau préparée en rôti
4 filets d'anchois
4 gousses d'ail,
3 oignons
1 sachet de court-bouillon en poudre
2 verres de vin blanc sec
2 carottes, 1 bouquet garni
3 branches de céleri

Pour la sauce :
1 cuill. à soupe de crème fraîche
1 petite boîte de thon à l'huile
6 filets d'anchois à l'huile
2 cuill. à soupe de câpres
1/4 de litre d'huile d'olive
1 jaune d'œuf
sel, poivre, 1 citron
Préparation : 30 mn
Cuisson : 1 h 30

Piquez le rôti d'éclats d'ail et de filets d'anchois. □ Plongez-le dans une grande quantité d'eau bouillante. Laissez reprendre l'ébullition, maintenez-la 1 mn et ôtez le rôti. Posez-le dans une cocotte ovale, saupoudrez de court-bouillon en poudre, mouillez avec 2 litres d'eau et le vin blanc. □ Ajoutez les oignons, les carottes, le céleri, le bouquet garni. Couvrez, amenez à ébullition et laissez cuire à feu moyen 1 h 20 à 1 h 30 environ. Vérifiez la cuisson avec la pointe d'un couteau, elle doit pénétrer facilement dans la viande. □ Laissez refroidir le rôti dans son bouillon. □ La sauce : prélevez une tasse de bouillon, dégraissez-le. □ Passez les filets d'anchois et le thon au mixer. Ajoutez le jaune d'œuf, sel, poivre, versez peu à peu l'huile et montez comme une mayonnaise. □ Incorporez alors 2 cuillerées à soupe de bouillon, le jus du citron, la crème et les câpres. □ Découpez le rôti de veau en tranches fines. Étendez sur le fond d'un grand plat une fine couche de sauce, posez les tranches de viande dessus et nappez du reste de sauce en égalisant à la spatule. Mettez au réfrigérateur toute une nuit. Le lendemain, dressez les tranches de veau sur le plat de service, décorez de feuilles de laitue, de tomates, d'olives noires et de rondelles de citron.

Notre conseil : *ce veau froid est le plat idéal pour recevoir par une chaude journée d'été.*

4

Les desserts

Bircher Müesli

SUISSE

Pour 1 personne :
1 cuill. à soupe de flocons d'avoine
3 cuill. à soupe d'eau
1 cuill. à soupe de lait concentré sucré
2 petites pommes râpées
le jus d'un demi-citron
1 cuill. à soupe de fruits secs râpés (noix, amandes)
1 cuill. à café de miel

Préparation : à commencer la veille
Pas de cuisson.

La veille au soir, faites tremper les flocons d'avoine dans de l'eau. □ Le lendemain, mélangez dans une assiette creuse les flocons d'avoine, le lait concentré, les pommes, le jus de citron, le miel. Servez aussitôt en saupoudrant d'amandes et de noix.

Notre conseil : *c'est le petit déjeuner « bonne forme » que devraient prendre tous les écoliers. Il doit être consommé sans attendre.*

Blanc-manger créole

HAITI

Pour 6 personnes :
3 noix de coco
8 feuilles de gélatine
1 boîte de lait concentré sucré

1 boîte de lait concentré non sucré
Préparation : 20 mn la veille
Cuisson : 3 mn

Coupez proprement chaque noix de coco en deux. Réservez le lait. Réservez également les coques. Râpez la pulpe. Mettez-la dans une terrine. Mouillez à hauteur avec le lait de coco. Complétez avec de l'eau. Laissez macérer une nuit. □ Le lendemain, versez le tout dans un linge, tordez-le à fond pour exprimer tout le jus. Mettez les feuilles de gélatine à tremper dans un bol d'eau, pressez-les. Ajoutez la gélatine au jus de noix de coco chaud. Laissez fondre en remuant à la spatule jusqu'à ce que la préparation soit tiède. □ Incorporez alors le contenu des 2 boîtes de lait, mélangez et répartissez la préparation dans les coques de noix de coco. Ne mélangez plus. Mettez au réfrigérateur jusqu'au moment de servir.

Notre conseil : *la quantité d'eau à verser sur la pulpe dépend entièrement du volume de lait de coco. Vous la réduirez ou vous l'allongerez selon que vous aurez plus ou moins de lait. Ce qu'il faut, c'est que la pulpe soit recouverte de liquide, à hauteur.*

Bread and butter pudding

GRANDE-BRETAGNE

Pour 6 personnes :
550 g de pain de mie écroûté
100 g de beurre
5 œufs
3/4 de litre de lait
1/4 de litre de crème fraîche
200 g de sucre
noix de muscade
100 g de raisins de Smyrne
100 g de raisins de Corinthe
Préparation : 45 mn
Cuisson : 1 heure

Dans un bol, mélangez les raisins de Smyrne et de Corinthe. □ Coupez le pain de mie en tranches et beurrez-les largement sur les deux faces. Au fond d'un plat beurré (en porcelaine à feu ou en terre), disposez une couche de tartines, saupoudrez de la moitié des raisins. Recouvrez de pain, ajoutez le reste des raisins et terminez par du pain. □ Dans une jatte, battez les œufs avec le sucre, une pincée de muscade râpée, le lait et la crème. Versez ce mélange sur le plat et laissez reposer environ 30 mn, jusqu'à ce que le pain ait absorbé le liquide. □ Recouvrez le plat d'une feuille d'aluminium ménager et faites cuire 45 mn à four chaud 200º (6 au thermostat) puis retirez la feuille d'aluminium et continuez la cuisson encore 15 mn. Servez tiède.

Notre conseil : *ce gâteau peut se faire également avec du pain brioché. Il se sert tiède nature ou accompagné d'une crème anglaise ou d'une sauce à l'abricot.*

Buns

GRANDE-BRETAGNE

Pour 30 buns environ :	1/2 cuillerée à café
650 g de farine	de quatre-épices
50 g de levure de boulanger	2 cuillerées à café
1/3 de litre de lait	de gingembre en poudre
2 œufs	15 g de sel
100 g de beurre	1 œuf pour dorer
60 g de sucre en poudre	Préparation : 1 heure,
150 g de raisins	3 heures à l'avance
de Corinthe	Cuisson : 20 mn

Sur le plan de travail, versez la farine en fontaine. □ Délayez la levure avec un peu de lait tiède et incorporez-la à un quart de la farine prélevée sur la fontaine, laissez pousser ce levain 20 mn. □ Au centre de la fontaine cassez 2 œufs, ajoutez les épices, le reste du lait, le sel, le sucre. Mélangez parfaitement et incorporez le levain. □ Travaillez à nouveau la pâte et ajoutez le beurre ramolli. Formez une boule, recouvrez-la d'un linge, laissez lever la pâte 1 heure. □ Reprenez la pâte, rompez-la pour en chasser l'air, remettez-la en boule, faites-la lever encore 45 mn environ. □ Coupez la pâte en 3 morceaux et chaque morceau en 10 parts. Aplatissez chaque part au rouleau, au centre déposez 1 cuillerée à café de raisins, enfermez-les dans la pâte en formant une boule. □ Posez les buns sur la plaque du four beurrée, laissez lever 45 mn. Dorez à l'œuf battu, donnez sur le dessus 3 coups de ciseaux et faites cuire à four chaud 230º (7 au thermostat) pendant 20 mn environ.

Notre conseil : *ces merveilleux petits pains se servent au petit déjeuner ou au goûter avec beurre et confiture.*

Café brûlot

ÉTATS-UNIS

Pour 6 personnes :
6 tasses de café
1 orange
1 citron
8 clous de girofle
1 bâton de cannelle
3 cuillerées à soupe
de sucre en poudre
5 cl de liqueur à l'orange
5 cl de cognac
Préparation : 10 mn
Pas de cuisson.

Lavez et essuyez le citron et l'orange, mettez leurs zestes découpés en ruban dans une casserole, après avoir piqué le zeste de l'orange de clous de girofle. □ Ajoutez dans la casserole la cannelle, le sucre et la liqueur d'orange. □ Faites chauffer sur un réchaud à alcool, ajoutez le cognac et flambez tout en remuant à l'aide d'une louche. □ Versez tout doucement le café très chaud sur la préparation, continuez de remuer. □ Enlevez zestes et cannelle. Servez le café brûlot dans des mazagrans.

Notre conseil : *la réussite du café brûlot dépend du café de qualité que vous préparerez au départ.*

Café granito

ITALIE

Pour 6 personnes :
1/2 litre de glace à la vanille
200 g de crème fraîche
100 g de sucre en poudre
4 dl d'eau

4 cuill. à soupe de café soluble
6 grains de café en sucre
Préparation : 10 mn
2 h à l'avance
Pas de cuisson.

Mettez les coupes à givrer au réfrigérateur. Dans une casserole, préparez le café en le faisant dissoudre dans l'eau chaude, ajoutez 40 g de sucre. □ Toujours dans la casserole, mettez-le à réfrigérer dans le freezer ou le congélateur. Sortez-le souvent pour le malaxer à la fourchette, ce qui facilite la formation de petits cristaux. □ Fouettez la crème fraîche avec le reste du sucre. □ Au moment de servir, répartissez le café glacé dans les coupes, puis la glace à la vanille. Complétez par la crème fouettée. Décorez d'un grain de café en sucre.
Notre conseil : *attention en battant la crème ! elle ne doit pas tourner en beurre. Fouettez-la très froide dans un récipient refroidi par quelques glaçons ou par un séjour au réfrigérateur.*

Chocolate cake

ÉTATS-UNIS

Pour 8 à 10 personnes :
Pour le gâteau
200 g de chocolat à croquer
200 g de beurre
300 g de farine
500 g de sucre semoule
4 œufs, 4 dl de lait
1 sachet de sucre vanillé
1 sachet de levure chimique
1 pincée de sel
Pour la garniture :
700 g de chocolat à croquer
500 g de crème fraîche
10 à 12 cerneaux de noix
Préparation : 30 mn
Cuisson : 40 mn

Dans une petite casserole, cassez le chocolat en morceaux, mouillez de 2 cuillerées à soupe d'eau et mettez à fondre à feu doux en remuant. ▢ Dans une terrine, battez au fouet électrique le beurre ramolli avec le sucre et le sucre vanillé jusqu'à ce que le mélange devienne mousseux. Incorporez les œufs un à un en mélangeant toujours à fond à chaque fois, puis le chocolat fondu. Ajoutez encore la farine tamisée, la levure, le sel, battez toujours au fouet et enfin le lait. ▢ Beurrez et farinez très légèrement trois moules à manqué de 22 cm de diamètre. Garnissez-les de la préparation et faites cuire à four moyen 180º (6 au thermostat) pendant 30 minutes environ. ▢ Démoulez les gâteaux sur une grille. Laissez refroidir.

Garniture : dans un bol, cassez le chocolat en morceaux et faites-le fondre au bain-marie. Hors du feu et aussitôt que le chocolat est fondu, ajoutez la crème fraîche, en battant pour obtenir une sauce homogène.

Montage : posez un gâteau sur un carton du même diamètre. Tartinez le gâteau d'une couche de crème au chocolat d'1/2 cm d'épaisseur. Recouvrez du 2e gâteau, nappez-le à son tour. Terminez par le 3e gâteau. Versez dessus le reste de crème, égalisez le dessus et les bords avec une spatule. Décorez de cerneaux de noix.

Notre conseil : *selon la taille de votre four, vous serez peut-être obligé de cuire les gâteaux en deux ou trois fournées.*

Christmas pudding — GRANDE-BRETAGNE

Pour 6 personnes :
- 250 g de farine
- 125 g de graisse de rognons de bœuf
- 125 g de mie de pain sèche
- 100 g de poudre d'amandes
- 1 pincée de sel
- 1 cuillerée à café de 4-épices
- 1 cuillerée à café de cannelle
- 1 pincée de noix muscade râpée
- 60 g de cassonade brune
- 1 orange, 1 citron, 3 pommes
- 200 g de marmelade d'abricots
- 250 g de raisins de Smyrne
- 250 g de raisins de Corinthe
- 250 g de fruits confits divers
- 12 pruneaux dénoyautés
- 2 œufs entiers
- 3 ou 4 décilitres de rhum
- 1/8 de litre de bière

Préparation : 40 mn
Cuisson : 4 h et 3 h

Dans un bol, mettez à mariner, dans le rhum, les fruits secs et les fruits confits 24 heures. □ Le lendemain, passez-les à la moulinette grille fine ainsi que les pommes épluchées et les zestes de citron et d'orange. □ Hachez la graisse de rognons. □ Dans une terrine, travaillez la farine avec la poudre d'amandes, la cassonade et la mie de pain émiettée. □ Mettez au centre la graisse, les fruits hachés et les œufs entiers. □ Mélangez à fond en incorporant encore la marmelade, les jus d'orange et de citron, le rhum, la bière, le sel et les épices. □ Beurrez un moule à pudding. Remplissez-le aux trois quarts de la préparation. □ Posez sur le dessus une double feuille d'aluminium ménager, ficelez tout autour. □ Recouvrez d'un linge, ficelez-le en laissant tomber les pans, puis remontez-les en les nouant deux par deux. □ Dans le fond d'un fait-tout mettez une petite grille à pâtisserie, posez le bol de pudding dessus, remplissez d'eau bouillante jusqu'au niveau du bol. □ Faites cuire doucement à couvert 4 heures en maintenant le niveau de l'eau. □ Laissez refroidir le pudding et conservez-le dans le bas du réfrigérateur. □ Le jour de l'emploi, remettez le pudding à cuire au bain-marie pendant 3 heures. □ Otez torchon et papier, glissez un couteau tout autour, démoulez. □ Flambez au cognac et servez avec une crème anglaise.

Notre conseil : *le Christmas pudding se prépare un, deux et même trois mois avant Noël.*

Coffee cake

ÉTATS-UNIS

Pour 6 personnes :
Pour la pâte :
250 g de farine
175 g de sucre roux
2 cuill. à café de levure en poudre
1/2 cuill. à café de sel
120 g de beurre ramolli
1 œuf entier,
2 dl de lait
1 cuill. à café de vanille liquide
Pour le glaçage :
6 cuill. à soupe de lait
110 g de sucre en poudre
50 g de beurre
50 g de miel
125 g de noix hachées
2 jaunes d'œufs
Préparation : 15 mn
Cuisson : 20 mn

Préparez la pâte dans une terrine : mélangez la farine tamisée, le sucre, la levure, le sel. Incorporez le beurre en vous servant de deux couteaux que vous utiliserez comme des ciseaux, jusqu'à ce que la pâte ait l'aspect d'une semoule grossière. □ Cassez l'œuf dans un grand bol, ajoutez-lui le lait, la vanille, battez en omelette. Versez dans la pâte, mélangez intimement. Beurrez largement un moule à manqué, versez-y la pâte jusqu'à 3 cm du bord. □ Dans une casserole, mélangez au lait, le sucre, le beurre, le miel, les noix hachées, portez sur feu doux, remuez jusqu'à ce que le sucre soit fondu et que l'ensemble soit homogène. □ Sortez la casserole du feu, ajoutez les jaunes d'œufs un à un en fouettant vivement. Versez le tout sur la pâte dans le moule, faites cuire à four doux 220 (7 au thermostat), pendant 15 mn, puis réduisez le feu à 175° et continuez la cuisson 25 mn. Laissez tiédir, démoulez.

Notre conseil : *ce gâteau, délicieux tiède, se sert en dessert et accompagné de café chaud. Mais on peut aussi l'offrir au goûter avec du thé et du chocolat chaud.*

Fondant à l'orange

ESPAGNE

Pour 6 à 8 personnes :
175 g de farine
175 g de sucre en poudre
175 g de beurre
3 œufs

4 oranges
125 g de sucre glace
1/2 paquet de levure chimique
Préparation : 15 mn
Cuisson : 40 mn

Sortez le beurre à l'avance du réfrigérateur pour qu'il soit suffisamment ramolli. Coupez-le en morceaux dans une terrine, ajoutez le sucre en poudre et travaillez au fouet électrique, jusqu'à obtention d'une crème lisse. □ Cassez les œufs un à un sur le beurre en travaillant sans cesse. Versez la farine tamisée avec la levure, mélangez parfaitement. Râpez le zeste de 2 oranges, ajoutez-les à la pâte avec le jus d'une seule orange. Remuez. □ Beurrez légèrement un moule à manqué, farinez-le, versez-y la pâte et faites cuire à four doux 150º (4 au thermostat) pendant 40 mn environ. Pendant ce temps, dans une casserole, mélangez le sucre glace au jus des 3 dernières oranges. Faites fondre doucement sur le feu. □ Dès que le gâteau est cuit, démoulez-le sur une grille posée sur un plat creux, arrosez-le du sirop chaud. Ce gâteau peut se servir tiède ou froid.

Notre conseil : *du sirop coulera dans le plat, vous en arroserez le gâteau jusqu'à ce qu'il soit parfaitement imbibé.*

Gâteau Forêt Noire

ALLEMAGNE

Pour 8 à 10 personnes :
Gâteau :
100 g de farine
150 g de beurre, 6 œufs
240 g de sucre semoule
1 sachet de sucre vanillé
50 g de cacao en poudre
3 moules à manqué de 22 cm
Sirop :
180 g de sucre, 2,5 dl d'eau
1 verre à liqueur de kirsch
Garniture :
24 cerises à l'eau de vie
12 cerises au marasquin
750 g de crème, 75 g de sucre
3 cuillerées à soupe de kirsch
Copeaux :
250 g de chocolat à croquer
Préparation : 40 mn
Cuisson : 30 mn

Avec un couteau à grosse lame, râpez la plaque de chocolat pour faire des copeaux, réservez-les au réfrigérateur. □ Dans une terrine, travaillez au fouet les œufs, le sucre et le sucre vanillé jusqu'à ce qu'ils deviennent mousseux. Ajoutez peu à peu le cacao et la farine tamisés en mélangeant à la spatule, puis le beurre juste fondu. Répartissez la pâte dans les 3 moules beurrés et légèrement farinés. Faites cuire à four chaud 200° (6 au thermostat) pendant 20 mn. □ Démoulez sur une grille, laissez refroidir. Avec les ingrédients cités, préparez le sirop, nappez-en chaque gâteau au pinceau. □ Battez la crème fraîche très froide avec 1 dl d'eau glacée, ajoutez le sucre et le kirsch, cessez de battre dès qu'elle devient mousseuse. □ Découpez un carton de la taille des gâteaux, posez un gâteau dessus et tartinez-le d'une épaisse couche de chantilly (1 cm environ), enfoncez dedans la moitié des cerises à l'eau de vie. Posez dessus le deuxième gâteau, faites la même chose que pour le premier. Recouvrez avec le troisième gâteau. Nappez de chantilly, à la spatule souple, le dessus et le contour de ce gros gâteau. Projetez les copeaux de chocolat tout autour, décorez le dessus de chantilly, de cerises au marasquin et parsemez du reste des copeaux.

Notre conseil : *pour vérifier la cuisson des gâteaux, enfoncez une grosse aiguille, elle doit ressortir sèche.*

Janhagel
PAYS-BAS

Pour 6 personnes :
180 g de beurre
250 g de farine
125 g de sucre semoule
2 cuill. à café de cannelle en poudre
1/2 sachet de levure
sel
Pour le glaçage :
50 g de sucre cristallisé
1 blanc d'œuf
50 g d'amandes effilées
Préparation : 20 mn
Cuisson : 20 mn

Sortez le beurre à l'avance du réfrigérateur. Sur une planche, travaillez le beurre, la farine tamisée et la levure à l'aide de deux couteaux. Ajoutez peu à peu le sucre, la cannelle et le sel. Pétrissez jusqu'à ce que vous obteniez une pâte lisse. □ Étendez-la finement au rouleau en lui donnant la forme d'un rectangle. Disposez ce rectangle sur la plaque du four beurrée. □ Concassez grossièrement les amandes, versez-les dans un bol, ajoutez le blanc d'œuf et le sucre cristallisé. Mélangez à la fourchette. □ Avec un pinceau badigeonnez le dessus du biscuit de ce glaçage. Mettez à cuire à four modéré 175° (5 au thermostat) pendant 20 mn. Laissez refroidir, égalisez les bords et coupez en petits biscuits rectangulaires.

Notre conseil : *présentez ces petits biscuits à la fin du repas avec un café nature ou au lait.*

Marmelade de rhubarbe

ÉTATS-UNIS

Pour 6 kg de marmelade :
3 kg de rhubarbe
3 kg de sucre
8 oranges

6 citrons
250 g de cerneaux de noix
Préparation : 50 mn
Cuisson : 55 mn

Pelez les côtes de rhubarbe en enlevant les parties filandreuses. □ Coupez-les en petits tronçons de 3 à 4 centimètres, mettez-les dans une bassine à confiture en cuivre ou à défaut dans une grande marmite en inox. □ Ajoutez à la rhubarbe le jus de 2 oranges et de 3 citrons. Amenez à ébullition, couvrez et réduisez le feu pour faire mijoter doucement jusqu'à ce que la rhubarbe soit tendre, environ 15 minutes. □ Incorporez le sucre à ce moment-là et, tout en tournant constamment, faites bouillir doucement 20 minutes environ, jusqu'à ce que le mélange soit pris. □ Râpez les zestes de 3 oranges et de 3 citrons, réservez-les. □ Pelez à vif les 6 oranges et les 3 citrons restants, divisez-les en quartiers en ôtant les peaux qui les enrobent de façon à n'avoir que la pulpe. □ Incorporez tous ces quartiers et les zestes à la marmelade. Laissez cuire encore 30 minutes. Ajoutez les cerneaux de noix. Otez la bassine du feu et laissez refroidir en remuant de temps en temps. □ Mettez en pots très propres lorsqu'elle est complètement froide.

Notre conseil : *remplissez bien les bocaux jusqu'au bord pour qu'il n'y ait pas d'air entre la marmelade et la cellophane qui obture les pots. Cela pour une meilleure conservation.*

Mokas à la noix de coco
AUTRICHE

Pour 25 petits gâteaux environ :
200 g de beurre
150 g de sucre glace
250 g de noix de coco râpée
1 cuillerée d'extrait de café

**le zeste râpé
d'un citron
caissettes de papier
Préparation : 35 mn
Pas de cuisson.**

Sortez le beurre à l'avance du réfrigérateur. Dans une terrine, travaillez-le à la fourchette pour le réduire en crème. □ Ajoutez le sucre glace tamisé, travaillez au fouet électrique pour que le mélange soit onctueux. □ Ajoutez encore l'extrait de café, le zeste de citron et 200 g de noix de coco râpée. Mettez au réfrigérateur. □ Lorsque la pâte est devenue ferme, roulez-la en petits boules grosses comme des noix. Roulez chacune dans de la noix de coco et placez-les dans les caissettes.
Notre conseil : *il faut laisser le beurre au moins 1 h à température ambiante avant de le travailler.*

Muffins

GRANDE-BRETAGNE

Pour 24 muffins :
600 g de farine
20 g de levure de boulanger
1/3 de litre de lait
1 pincée de sel
140 g de beurre
60 g de sucre, 2 œufs
Préparation : 25 mn,
1 h de repos
Cuisson : 20 mn

Faites tiédir le lait avec le sel puis délayez la levure avec. □ Versez la farine dans un grand récipient, creusez un puits au milieu, mouillez avec le lait à la levure. Ajoutez les œufs entiers, travaillez à la spatule jusqu'à obtention d'une pâte lisse. Couvrez d'un linge propre et laissez reposer au moins 1 h, la pâte doit énormément gonfler. □ Ajoutez-lui alors le sucre puis 120 g de beurre ramolli, mélangez. Beurrez des petits moules à tartelettes à bords unis. Remplissez-les de pâte aux 3/4. Faites cuire et dorer à four chaud 230º (7 au thermostat) pendant 15 mn, puis démoulez à-même la plaque du four pour faire dorer l'autre face pendant 5 mn.
Notre conseil : *servez ces délicieuses petites brioches anglaises avec du bon beurre frais.*

Pain de maïs

ÉTATS-UNIS

Pour un moule à cake de 22 cm :
200 g de farine de maïs
140 g de farine
140 g de beurre
2 œufs

1 sachet de levure
4 dl de lait,
80 g de sucre
1 pincée de sel
Préparation : 15 mn
Cuisson : 40 mn

Commencez par allumer votre four à 200º (6 au thermostat). □ Dans une grande terrine, passez au tamis la farine, la farine de maïs, la levure et le sel. □ Faites une fontaine au centre, versez-y les œufs entiers légèrement battus, mélangez au fouet électrique et incorporez le beurre fondu, le sucre et le lait, mélangez pour obtenir une pâte parfaitement homogène et liquide. □ Beurrez légèrement le moule à cake et remplissez-le de pâte. Faites cuire au four pendant 30 à 40 mn. □ Démoulez le gâteau sur une grille et servez tiède.

Notre conseil : *le gâteau est cuit lorsque la pâte se détache facilement des parois du moule.*

Pavés de Smyrne
ÉTATS-UNIS

Pour une vingtaine de pavés :
500 g de chocolat fondant
1 boîte de lait condensé sucré
1 pincée de sel
100 g de raisins de Smyrne
100 g de cacahuètes grillées, pelées non salées
120 g de beurre
Préparation : 15 mn
Cuisson : 10 mn

Coupez le chocolat en morceaux dans une casserole placée dans un bain-marie chaud et laissez-le fondre. □ Ouvrez la boîte de lait, faites-la chauffer dans un autre bain-marie. Versez le lait chaud petit à petit sur le chocolat fondu en travaillant constamment à la spatule en bois. Salez. □ Ajoutez le beurre en parcelles, les raisins, les cacahuètes, mélangez bien en tenant toujours au bain-marie. Versez dans des petits moules à tartelettes à bord lisse, la valeur d'une bonne cuillerée à soupe de la préparation. Mettez à durcir toute une nuit au réfrigérateur.

Notre conseil : *si vous n'avez pas de moules, confectionnez les pavés sur une feuille d'aluminium ménager, à l'aide d'une poche à douille étalez-les sur 6,5 cm de diamètre environ.*

Pie aux groseilles

GRANDE-BRETAGNE

Pour 6 personnes :
Pour la pâte :
250 g de farine,
125 g de beurre
40 g de sucre en poudre
1 cuillerée à café de sel fin
1 œuf entier
1/2 cuillerée à café de levure en poudre
Pour la garniture :
500 g de groseilles rouges
250 g de sucre
6 biscuits à la cuillère,
1 œuf
1 cuillerée à café de lait
Préparation : 30 mn
Cuisson : 45 mn

Préparez la pâte : dans une terrine, tamisez la farine et la levure, faites une fontaine, déposez le beurre divisé en petits morceaux au centre. □ Ajoutez le sucre, le sel, l'œuf, travaillez le tout grossièrement sans trop pétrir la pâte. Formez une boule, laissez reposer une heure au frais. □ Pendant ce temps, émiettez les biscuits, mélangez-les au sucre, lavez, séchez, égrenez les groseilles. □ Beurrez un moule à tarte, étalez au rouleau les 2 tiers de la pâte sur 1 demi-centimètre d'épaisseur et foncez-en le moule en recouvrant bien les bords. □ Répartissez sur la pâte environ 1 tiers du mélange biscuits-sucre, mettez toutes les groseilles, puis le reste du mélange biscuits-sucre. □ Recouvrez avec le reste de pâte abaissé, soudez les bords avec un peu d'eau en pinçant et en formant une collerette. □ Avec le reste de pâte faites une natte pour décorer le dessus du pie. Dorez au jaune d'œuf délayé dans la cuillerée de lait. □ Striez la surface à l'aide d'une fourchette et faites cuire à four chaud 200° (6 au thermostat).

Notre conseil : *ce pie se sert tiède nature, ou encore accompagné d'une jatte de crème fraîche.*

Pie au mincemeat

ÉTATS-UNIS

Pour 6 personnes :
Pour la pâte :
350 g de farine
180 g de saindoux
1 jaune d'œuf, 1 pincée de sel
Pour le mincemeat :
60 g de saindoux
60 g de sucre brun
60 g de cerises confites hachées
250 g de fruits secs hachés (figues, raisins, dattes)
60 g de noix hachées
1/2 cuill. à café de cannelle en poudre
1/2 cuill. à café de 4-épices
1/2 cuill. à café de noix de muscade
1 cuill. à soupe de cognac
Pour dorer : 1 blanc d'œuf
Préparation : 20 mn
Cuisson : 30 mn

Dans une terrine, travaillez la farine, le sel et le saindoux avec le bout des doigts. Ajoutez le jaune d'œuf et un peu d'eau si cela est nécessaire. Formez une boule de pâte, laissez-la reposer au frais, au moins 1 heure. ▢ Préparez le mincemeat en mélangeant tous les ingrédients. Partagez la pâte en deux et étendez-la en deux abaisses. Graissez une plaque à tarte, garnissez-la d'une abaisse de pâte en laissant dépasser les bords. Remplissez de mincemeat, recouvrez de la deuxième abaisse en mouillant les bords. Passez le rouleau sur les bords de la pâte, pour découper proprement. ▢ Au centre, avec un couteau, découpez une croix, rabattez les angles et dorez au blanc d'œuf. Faites cuire à four chaud 230º (7 au thermostat) pendant 10 mn, réduisez le feu à 200º (6 au thermostat) et laissez encore cuire 20 mn.

Notre conseil : *cette tarte excellente est facile à faire, elle se sert aussi bien en dessert qu'au goûter accompagnée de thé. La pâte peut, bien entendu, être préparée la veille.*

Sachertorte

AUTRICHE

Pour 8 à 10 personnes :
200 g de chocolat à croquer
8 jaunes d'œufs
10 blancs d'œufs
125 g de beurre fondu
120 g de sucre en poudre
2 sachets de sucre vanillé
125 g de farine
100 g de marmelade d'abricots
2 moules à manqué de 22 cm
Pour le glaçage :
150 g de chocolat à croquer
150 g de sucre glace
1 sachet de sucre vanillé
250 g de crème
1 jaune d'œuf
Préparation : 30 mn
Cuisson : 35 mn

Dans un bol, au bain-marie, faites fondre le chocolat cassé en morceaux. □ Dans une terrine, battez au fouet à main les jaunes d'œufs, incorporez le chocolat fondu et le beurre. □ Montez au fouet électrique les blancs d'œufs et 1 cuillerée à soupe de sucre. □ Lorsqu'ils commencent à mousser incorporez peu à peu le reste de sucre et le sucre vanillé jusqu'à ce que les blancs soient parfaitement pris en neige. □ Commencez par incorporer délicatement le tiers des blancs d'œufs ainsi que la farine au mélange jaunes-chocolat, puis ajoutez le reste des blancs. □ Beurrez et tapissez le fond des moules de papier sulfurisé beurré. □ Remplissez-les de pâte et faites cuire à four moyen 180º (5 au thermostat), allumé 15 minutes à l'avance, pendant 30 minutes. □ Démoulez et laissez refroidir. □ Recouvrez le premier gâteau de marmelade d'abricots passée au tamis fin. Recouvrez du deuxième gâteau. □ Dans une casserole faites fondre le chocolat, le sucre, le sucre vanillé et la crème, amenez doucement à ébullition, maintenez-la 5 minutes. □ Hors du feu incorporez peu à peu le jaune d'œuf battu, remettez quelques secondes sur le feu en remuant. Vous devez obtenir un mélange épais. Laissez tiédir. □ Placez le gâteau sur une grille ronde, versez le glaçage au centre et égalisez avec une spatule. □ Mettez le gâteau au réfrigérateur, sortez-le 1 heure avant de le servir.

Notre conseil : *préparez le gâteau 48 heures à l'avance mais ne faites le glaçage que le jour même.*

Soufflé glacé au chocolat
ÉTATS-UNIS

Pour 8 à 10 personnes :
8 jaunes d'œufs
150 g de sucre
40 g de cacao en poudre
500 g de crème fraîche
Préparation (la veille) : 25 mn
Cuisson : 5 mn pour le sucre

Versez le sucre dans une casserole, mouillez-le juste d'eau, amenez à ébullition puis peu à peu, versez-le bouillant sur les jaunes d'œufs en mélangeant au fouet électrique, jusqu'à complet refroidissement. □ Dans un bol, délayez le cacao avec 1 dl d'eau tiède pour obtenir une bouillie un peu épaisse. □ Fouettez la crème fraîche jusqu'à ce qu'elle devienne mousseuse en lui ajoutant une ou deux cuillerées à soupe d'eau glacée. □ Mélangez le cacao à la crème, puis versez l'ensemble dans les œufs en remuant délicatement avec une spatule. □ Chemisez le tour d'un moule d'une feuille de papier sulfurisé en la laissant dépasser de 10 cm environ en haut du moule. Maintenez en place avec une ficelle. Huilez légèrement et saupoudrez de sucre les parois du moule et du papier. Versez-y la préparation, tassez et mettez une nuit au congélateur.

Notre conseil : *versez peu à peu le sirop bouillant sur les jaunes d'œufs en tournant comme vous le feriez pour monter une mayonnaise.*

Soufflé salzbourgeois

AUTRICHE

Pour 6 personnes :
4 jaunes d'œufs
50 g de farine
8 blancs d'œufs
1 pincée de sel

75 g de sucre
1 sachet de sucre vanillé
sucre glace, 1 citron
Préparation : 10 mn
Cuisson : 15 à 18 mn

Faites chauffer le four à 250º (7-8 au thermostat). □ Dans une terrine, battez au fouet les jaunes d'œufs avec le zeste râpé du citron. □ A part, montez en neige les blancs d'œufs avec une pincée de sel. □ Lorsqu'ils sont déjà bien pris, ajoutez le sucre et le sucre vanillé et continuez à battre jusqu'à ce qu'ils soient très fermes. □ A l'aide d'une spatule, incorporez une cuillerée de blancs en neige dans le mélange des jaunes d'œufs, puis, à l'inverse, versez les jaunes dans les blancs. □ Ajoutez, en une seule fois, la farine tamisée, mélangez rapidement à l'aide de la spatule en soulevant la masse. □ Beurrez généreusement un plat sabot. Versez l'appareil dans le plat en formant trois tas séparés. □ Enfournez en posant le plat sur la grille du four à l'étage le plus bas. A la fin de la cuisson le soufflé doit être doré en surface et mou à l'intérieur. □ Saupoudrez de sucre glace et servez immédiatement.
Notre conseil : *pour faciliter la cuisson de ce soufflé il est préférable d'utiliser un plat en métal : cuivre, inox ou argent.*

Tourte au fromage blanc

HONGRIE

Pour 6 à 8 personnes :
350 g de farine
160 g de sucre,
170 g de beurre
1 dl de vin blanc
1 paquet de levure en poudre
1 citron
sel
2 jaunes d'œufs

1 œuf pour dorer
Pour la crème :
125 g de sucre
3 œufs
1 sachet de sucre vanillé
150 g de raisins secs
500 g de fromage blanc
Préparation : 30 mn
Cuisson : 40 mn

Sur la table, faites une fontaine avec la farine tamisée, au centre mettez le sucre, 1 pincée de sel, les 2 tiers de la levure, le zeste râpé de 1 demi-citron, 160 g de beurre coupé en petits morceaux, 2 jaunes d'œufs. □ Travaillez doucement du bout des doigts jusqu'à absorption complète de la farine. Ajoutez alors peu à peu le vin blanc pour obtenir une pâte souple. □ Étalez-la au rouleau sur 2 à 3 millimètres d'épaisseur. Partagez-la en deux, avec la première moitié tapissez un moule à manqué beurré et fariné. □ Dans un saladier, mélangez le fromage blanc avec le sucre et le sucre vanillé, les œufs entiers, les raisins secs, versez cette crème sur la pâte jusqu'à 2 centimètres du bord du moule. □ Humectez les bords de la pâte, recouvrez avec l'autre moitié et soudez les bords en pinçant la pâte avec les doigts. □ Décorez avec des lanières de pâte posées en croisillons. Dorez à l'œuf battu et faites cuire à four doux, 150º (4-5 au thermostat).

Notre conseil : *c'est la préparation crémeuse qui fait le délice de ce gâteau, elle doit être épaisse d'au moins 3 à 4 centimètres. Si vous trouvez que votre fromage blanc est très mouillé, faites-le égoutter une petite heure.*

Tarte glacée aux pommes
ÉTATS-UNIS

Pour 6 personnes :
Pour la pâte :
150 g de farine
75 g de beurre
50 g de sucre
1 jaune d'œuf
1 pincée de sel

Pour la garniture :
1 kg de pommes
150 g de sucre
3/4 de litre de glace
à la vanille
Préparation : 30 mn
Cuisson : 35 mn

Sur une planche, travaillez le beurre coupé en morceaux, le sucre, le sel et le jaune d'œuf. ▫ Versez dessus la farine et travaillez la pâte avec la paume de la main. Formez une boule, divisez-la en trois, superposez les morceaux, travaillez à nouveau la pâte. Tenez-la au frais pendant 15 mn. ▫ Étendez-la au rouleau, chemisez-en un moule à tarte de 20 cm environ. Mettez le moule au réfrigérateur. ▫ Épluchez les pommes, coupez-les en deux en enlevant le cœur, puis coupez-les en tranches mais sans aller jusqu'au bout, de manière à ce que la demi-pomme reste entière. ▫ Sortez le moule du réfrigérateur, posez les pommes dessus, saupoudrez du sucre et faites cuire à four chaud 230º (7 au thermostat) pendant 15 mn, réduisez alors la chaleur à 200º (6 au thermostat), continuez la cuisson encore 20 mn environ. ▫ Sortez la tarte du four, laissez-la refroidir. ▫ Au moment de servir, faites six boules de glace à la vanille et disposez-les sur la tarte.

Notre conseil : *cette tarte est encore plus délicate servie tiède.*

Tarte aux mendiants

TUNISIE

Pour 6 personnes :
250 g de farine tamisée
1 œuf, 60 g de sucre
1 pincée de sel
125 g de beurre ramolli
Pour la garniture :
100 g de raisins secs
200 g de dattes

200 g de figues sèches
50 g d'amandes effilées
150 g de crème fraîche
3 œufs
50 g de sucre
1 pincée de sel
Préparation : 25 mn
Cuisson : 40 mn

Dans une terrine, battez l'œuf, le sucre et le sel. Ajoutez d'un seul coup la farine. Pétrissez jusqu'à obtention d'une pâte granuleuse. ▫ Incorporez alors le beurre par petites fractions et travaillez jusqu'à ce que la pâte devienne lisse. Abaissez-la au rouleau. ▫ Beurrez un moule à tarte à fond amovible. Foncez-le de pâte. Garnissez-la des dattes dénoyautées, de figues coupées en petits morceaux, des raisins et des amandes effilées. ▫ Battez les œufs entiers, la crème fraîche, le sucre et le sel. Versez ce mélange sur les fruits secs et mettez à four chaud 200° (6 au thermostat) pendant 40 mn. Démoulez et servez tiède ou froid.

Notre conseil : *par beurre ramolli on entend un beurre à température ambiante, c'est-à-dire sorti longtemps à l'avance du réfrigérateur.*

Liste des fiches-cuisine

1. LES ENTRÉES

	Pays	Numéro de la fiche
artichauts au crabe	États-Unis	1
artichauts aux crevettes	États-Unis	2
artichauts aux olives	Algérie	3
aubergines glacées	Bulgarie	4
aubergines à l'huile	Liban	5
briks aux œufs	Tunisie	6
concombres à la menthe	Turquie	7
croquettes à la cannelle	Algérie	8
épinards crus en salade	États-Unis	9
flammenkuche	Allemagne	10
hoummos	Liban	11
ojja	Tunisie	12
salade mechouia	Tunisie	13
salade des Rois	Belgique	14
tarato	Grèce	15
tarte à l'oignon au fromage	Suisse	16

2. LES POISSONS

acras de morue	Antilles	17
calderade	Portugal	18
colin aux piments	Sénégal	19
dorade aux cacahuètes	Cameroun	20
dorades à la dalmatienne	Yougoslavie	21
dorade du Pirée	Grèce	22
harengs saurs marinés	Pologne	23
huîtres Rockeeller	États-Unis	24
jambalaya d'écrevisses	États-Unis	25
langoustines au curry	États-Unis	26
langoustines en sauce	Grèce	27
lotte à la bière	Belgique	28
moules à la bière	Belgique	29
moules du Pirée	Grèce	30
paupiettes de sole	Norvège	31
saumon gratiné	Suède	32
thiou au poisson	Sénégal	33
thon en ragoût	Espagne	34

3. LES VIANDES

agneau au safran	Inde	35
amourettes au parmesan	Italie	36
bœuf au chou vert	Brésil	37
bœuf aux légumes	Viet-nam	38

bœuf au miel	États-Unis	39
bœuf Strogonoff	Russie	40
carpaccio	Italie	41
choucroute farcie	Hongrie	42
côtes de porc barbecue	Mexique	43
côtes de porc aux pruneaux	Danemark	44
filet mignon en croûte	Suisse	45
fricatelles à la menthe	Liban	46
jambon glacé au bourbon	États-Unis	47
keftaïdakia	Grèce	48
lapin au citron confit	Maroc	49
oie aux choux et pruneaux	Allemagne	50
porc à l'ananas	Viet-nam	51
porc braisé au citron	Portugal	52
porc sauté au chou chinois	Chine	53
porc au soja	Japon	54
potée aux pois cassés	Pays-Bas	55
poulet farci au couscous	Maroc	56
poulet mariné frit	Rép. dominicaine	57
poulet aux oignons	Éthiopie	58
steaks sauce créole	États-Unis	59
veau au thon	Italie	60

4. LES DESSERTS

bircher Müesli	Suisse	61
blanc-manger créole	Haïti	62
bread and butter pudding	Grande-Bretagne	63
buns	Grande-Bretagne	64
café brûlot	États-Unis	65
café granito	Italie	66
chocolate cake	États-Unis	67
christmas pudding	Grande-Bretagne	68
coffee cake	États-Unis	69
fondant à l'orange	Espagne	70
gâteau Forêt Noire	Allemagne	71
janhagel	Pays-Bas	72
marmelade de rhubarbe	États-Unis	73
mokas à la noix de coco	Autriche	74
muffins	Grande-Bretagne	75
pain de maïs	États-Unis	76
pavés de Smyrne	États-Unis	77
pie aux groseilles	Grande-Bretagne	78
pie au mincemeat	États-Unis	79
sachetorte	Autriche	80
soufflé glacé au chocolat	États-Unis	81
soufflé salzbourgeois	Autriche	82
tourte au fromage blanc	Hongrie	83

tarte glacée aux pommes	**États-Unis**	**84**
tarte aux mendiants	**Tunisie**	**85**

Recettes personnelles

Recettes personnelles

Composition réalisée par C.M.L... Montrouge

Achevé d'imprimer en Italie
par G. Canale & C. S.p.A. - Borgaro T.se - Torino
Dépôt légal 2560-05/91
ISBN 2.253.05524.7

 30/8061/1